Das Bayerische
Eheschließungs- und Ehescheidungsrecht
in den Gebieten des
bayerischen und preußischen Landrechts.

In alphabetischer Ordnung dargestellt

von

A. Pfirstinger,
Rechtsanwalt.

Nebst einem Abdruck des Civilstandsgesetzes und einem Auszug aus dem Gesetze über Heimath, Verehelichung ꝛc. vom 16. April 1868.

München.
Druck und Verlag von Ernst Stahl.

Vorrede.

Als das deutsche Reich die Civil-Ehe einführte, hat dasselbe zwar die Erfordernisse der Eheschließung einheitlich für ganz Deutschland geregelt, im Uebrigen aber die bestehenden Rechtszustände unverändert belassen.

Die Folge ist, daß in Rechtsgebieten, in welchen, wie dies im Gebiete des bayerischen Landrechts der Fall ist, den verschiedenen kirchlichen Satzungen Anerkennung als geltendes Recht gezollt wird, je nach Lage der Umstände in Ehestreitigkeiten bald das gewöhnliche Civilrecht, bald canonisches Recht, bald gemeines protestantisches Recht, bald mosaisches Recht zur Anwendung kommen.

Es ist für den Praktiker eine zeitraubende Arbeit, aus der Menge aller an sich in Geltung befindlichen eherechtlichen Normen diejenigen herauszusuchen, welche in einem concreten Falle maßgebend sind.

Diese zeitraubende Arbeit zu ersparen, ist der Zweck der nachfolgenden lexikonartigen Darstellung, wobei sich, wie schon der Titel ersehen läßt, beschränkt worden ist auf Darstellung des in den beiden beträchtlichsten Rechtsgebieten Bayerns, im Gebiete des bayerischen und im Gebiete des preußischen Landrechts, geltenden bayerischen Eheschließungs- und Ehescheidungsrechtes.

München, im Juni 1883.

Der Verfasser.

A.

Abfindung. Siehe „Ehescheidungsstrafen".

Abtheilung. Siehe „Vermögensabtheilung".

Adoption oder Annahme an Kindesstatt.

Durch die Annahme einer Person an Kindesstatt werden zwischen der angenommenen Person und derjenigen, von welcher die Annahme bethätigt wird, kraft des Gesetzes dieselben Rechtsverhältnisse geschaffen, wie sie zwischen Erzeuger und Erzeugten in der Rechtsordnung begründet sind.

Diese der Blutsverwandtschaft nachgebildete Verwandtschaft wird als gesetzliche Verwandtschaft bezeichnet.

Der Beischlaf zwischen Personen, deren eine die andere an Kindesstatt angenommen hat, wird nach Obigem als Beischlaf zwischen Verwandten auf- und absteigender Linie betrachtet und nach Maßgabe des § 173 des R.-Str.-Ges.-B. bestraft.

In Consequenz dessen hat daher das Civilehegesetz die Ehe zwischen solchen Personen verboten (§ 33 Ziff. 4 des Civ.-Ehe-Ges.), zugleich aber ausgesprochen, daß dieses Verbot mit der Beendigung des Rechtsverhältnisses der Annahme an Kindesstatt aufhört.

Diese Einschränkung des Verbotes hat sicher seine volle Berechtigung, da die durch die Annahme an Kindesstatt bewirkte Verwandtschaft nicht auf natürlichen Banden, sondern nur auf einer Rechtsfiction beruht und daher mit der letzteren steht und fällt.

Schon das preuß. Landrecht[1]) ist von diesem Gesichtspunkte ausgegangen und hat die Ehe zwischen Per-

[1]) Allg. preuß. LR. Thl. II. Tit. I. § 13. 969.

sonen, deren eine die andere an Kindesstatt angenommen hat, nur insolange dieses Rechtsverhältniß dauert, verboten. Das preußische Landrecht hat demnach in diesem Punkte durch das Civilehegesetz eine Aenderung nicht erfahren.

Anders verhält es sich mit dem bayer. Landrecht. Dieses hatte das Eheverbot auf die Fälle der Arrogation[1]) beschränkt und in dieser Hinsicht ein trennendes Ehehinderniß statuirt zwischen dem Wahlvater und Wahlkinde und des letzteren leiblicher Descendenz, zwischen dem Wahlvater und des Wahlkindesehefrau und zwischen dem Wahlkinde und des Wahlvatersehefrau und umgekehrt, endlich, solange die Arrogation dauerte, zwischen dem Wahlkinde und all' jenen, welche unter des Wahlvaters väterlicher Gewalt standen.[2])

Das bayer. Landrecht hat demnach durch das Civil-Ehegesetz eine theils ausdehnende, theils einschränkende Veränderung erlitten, eine ausdehnende, insoferne als das hier fragliche Eheverbot auf alle Fälle der Annahme an Kindesstatt erstreckt wurde, eine einschränkende, insoferne das Verbot durchweg nur für die Dauer des dasselbe begründenden Rechtsverhältnisses und nur in Ansehung der Person des Adoptirenden und derjenigen Person, welche adoptirt wurde, statuirt.

Die Folge einer im Gebiete des bayer. Landrechts gegen dieses Eheverbot geschlossenen Ehe zwischen Christen ohne Unterschied der Confession ist Nichtigkeit der eingegangenen Verbindung.[3])

Das preuß. Landrecht bezeichnet eine solche Ehe als ungiltig und bestimmt für solche Fälle Folgendes:

Hat Jemand sein angenommenes Kind wider die Gesetze geheirathet, so muß dem angenommenen Kinde ein Curator bestellt werden, welcher unter Aufsicht des vormundschaftlichen Gerichtes zu prüfen hat, ob die Person

---

[1]) Als Arrogation wird die Annahme einer Person an Kindesstatt bezeichnet, welche nicht mehr unter väterlicher Gewalt steht; die Annahme einer noch unter väterlicher Gewalt stehenden Person heißt Adoption im engeren Sinn. (Bayer. LR. Thl. I. Kap. 5. § 10.)

[2]) Bayer. LR. Thl. I. Kap. 6. § 9. n. 3.

[3]) Bayer. LR. Thl I. Kap. 6. § 9 u. Kreittmayer's Anmerkung hiezu. Ziff. 3.

die Ehe fortsetzen will, und ob ihr deren Fortsetzung zuträglich ist. Findet sich dabei eine wirkliche Abneigung oder sonst ein merklicher Nachtheil für sie, so muß auf förmliche Ungiltigkeitserklärung durch den Richter angetragen werden.

Nach erreichter Volljährigkeit bleibt der betreffenden Person das Recht zur Rüge der Ungültigkeit der Ehe noch 6 Monate nach zurückgelegtem 24. Jahre.

War die an Kindesstatt angenommene Person bereits volljährig, so kann dieselbe die Ungültigkeit der Ehe nur innerhalb 6 Monaten nach deren Vollziehung rügen. [1])

Alimente oder Leistungen zum Lebensunterhalt.

Die Ehefrau hat sowohl nach bayer. Landrechte [2]) als nach dem preuß. Landrechte [3]) Anspruch auf Gewährung des nöthigen standesgemäßen Unterhalts von Seiten des Ehemannes. Ist der Mann vermögenslos und erwerbsunfähig, die Ehefrau aber bemittelt, so ist auch die Frau verpflichtet, den Mann zu alimentiren. [4])

Diese gegenseitige Verpflichtung besteht auch während des Scheidungsprozesses; kann ferner auch nach Trennung der Ehe in Form einer Ehescheidungsstrafe vorkommen. (Siehe unten: „Ehescheidungsstrafen.")

Die Leistung der Alimenten während der Ehe kann durch Klage [5]), die Alimentirung während des Scheidungsprozesses durch einstweilige Verfügung des Ehegerichtes erzwungen werden. [6]) Falsch ist die Meinung, daß der Anspruch auf Alimentirung nur der mit gerichtlicher Erlaubniß von ihrem Ehemann einstweilen getrennt lebenden und mit diesem im Ehescheidungsprozeß noch stehenden Ehefrau zusteht. Wenn z. B. in einem Ehescheidungsprozesse Klage und Widerklage wegen gegenseitig verübten Ehebruches abgewiesen wurden, die Eheleute daher wieder mitsammen leben sollten, der Ehemann aber die Ehefrau mit Gewalt verhindert, zu

---

1) Allg. preuß. LR. Thl. II. 1. §§ 985 ff.
2) Bayer. LR. Thl. I. c. 6 § 12.
3) Allg. preuß. LR. Thl. II. 1. § 185.
4) Bayer. LR. Thl. I. c. 6. § 12. n. 7; allg. preuß. LR. Thl. II. 1. § 262.
5) Bayer. u. preuß. LR. l. c.
6) § 584 der RCPO.

ihm zurückzukehren, so ist der Frau nichts damit gedient, wenn sie angewiesen wird, gegen den Ehemann korrektionelle (polizeiliche) Hilfe nachzusuchen; nur ein vollstreckbares civilrichterliches Urtheil kann in solchem Falle mit Erfolg Hilfe bringen. Ein solches Urtheil auf Alimentirung kann auch ganz gut erlassen werden; denn in dem hier zu führenden Prozesse kommen nicht die über die Alimentirung während des Scheidungsprozesses geltenden Bestimmungen, sondern vielmehr die allgemeinen civilrechtlichen Bestimmungen über die gegenseitigen Rechte und Pflichten der Eheleute zur Anwendung.[1])

Anders ist der Fall gelagert, wenn die Eheleute freiwillig getrennt leben. In diesem Falle kann eine Alimentation nur begehrt werden, wenn sie bei der freiwilligen Trennung oder seither ausdrücklich von einem Ehetheil dem anderen Ehetheil zugesichert wurde.[2])

Die Alimentirung während des Scheidungsprozesses kann begehrt werden, sobald der Sühnetermin beantragt, oder — falls der Sühnetermin unterbleiben kann — der Termin zur mündlichen Verhandlung der Scheidungsklage festgesetzt, oder — im Falle der Klage wegen böslicher Verlassung — sobald der Rückkehrsbefehl ergangen ist.[3]) Vorausgesetzt wird, daß vorher die gerichtliche Erlaubniß zum Getrenntleben während des Scheidungsprozesses erholt wurde, oder daß die faktische Trennung mit dem Willen des anderen Ehetheiles erfolgte.[4])

Amtsgericht. Siehe „Rückkehrsbefehl" und „Sühneversuch". „Verkehrs-Untersagung".

Anerkenntniß.

Die gewöhnliche prozessuale Regel, daß Anerkenntnisse des Prozeßgegners vollen Beweis der bezüglichen Behauptungen bilden, gilt nicht im Eheprozeß.[5])

---

[1]) Urtheil des vorm. Bezirksgerichts München I. J. Nr. 1124 (Jahrgang 1877) i. S. Hoffmann gegen Hoffmann. Eine gegentheilige Auffassung findet sich in einem Urtheil des bayer. oberst. Gerichtshofes v. 16. März 1874.

[2]) Urtheil des Bezirksgerichts München I. J. i. S. Biber gegen Biber. (Jahrgang 1877.)

[3]) Peters, Ehescheidung. S. 27.

[4]) Samml. oberstricht. Entsch. Bd. III. Z. 20 u. Z. 165.

[5]) RCPO. § 577.

Ob in einzelnen Fällen auf Anerkenntnisse ein Gewicht zu legen ist und welches, steht im Ermessen des Gerichts.[1])

Diese Bestimmungen sind aus dem früheren Eheprozeßrechte um deßwillen herübergenommen worden, um dem Staate, der ein Interesse daran hat, an sich den Bestand einer Ehe so lange als möglich aufrecht zu erhalten, die Möglichkeit an die Hand zu geben, Collusionen die Spitze zu brechen, d. h. die Einrichtung der Ehe gegenüber abgekarteten Zugeständnissen der Eheleute selbst zu schützen.

Anfechtung. Siehe „Ungiltige Ehe".

Anfechtungsfrist. Siehe ebendort.

Annahme an Kindesstatt. Siehe oben „Adoption".

Annullirung. Siehe „Nichtige Ehe" und „Ungiltige Ehe".

Aufenthaltsort.

Wandert ein Ehemann, welcher nirgends einen Wohnsitz hat, im deutschen Reiche herum, so ist für die Ehestreitigkeiten desselben der Gerichtsstand des Aufenthaltsortes begründet, d. h. es ist dasjenige Landgericht zuständig, innerhalb dessen Sprengel der Aufenthaltsort des Ehemannes zur Zeit der Klage sich befindet.[2])

Aufgebot.

Man hat es als zweckmäßig befunden, im Anschlusse an die kirchliche Gesetzgebung und an diejenige der einzelnen Staaten, vor der Eheschließung eine öffentliche Bekanntmachung der darauf gerichteten Absicht der Brautleute anzuordnen zu dem Zwecke, etwa bestehende Ehehindernisse leichter zu ermitteln (Aufgebot).[3])

Diese öffentliche Bekanntmachung wird in Bayern im Auftrage der zuständigen Distriktspolizeibehörde von der Gemeinde des Aufenthaltsortes oder der Aufenthaltsorte der Brautleute bethätigt, in den übrigen deutschen Staaten durch den Standesbeamten. Dispensation vom Aufgebote ist zulässig.[4])

Ist eine Eheschließung erfolgt ohne vorheriges Aufgebot und ohne daß Dispensation vom Aufgebot erholt

---

[1]) Ebendort § 259.
[2]) RCPO. § 18.
[3]) § 44 des CEG.
[4]) § 50 l. c.

worden wäre, so hat dieß die Ungiltigkeit der geschlossenen Ehe nicht zur Folge,[1]) wohl aber die Bestrafung des Standesbeamten, der die gesetzwidrige Trauung vorgenommen hat, nach Maßgabe des § 69 des Civilehegesetzes.[2])

Die in Abs. 2 des § 50 des Reichscivilehegesetzes dem Standesbeamten eingeräumte Befugniß, im Falle bescheinigter lebensgefährlicher Krankheit, welche einen Aufschub der Eheschließung nicht gestattet, auch ohne Aufgebot (und ohne erholte staatliche Dispensation) die Trauung vorzunehmen, hat in Folge der bayer. Reservatrechte für das Gebiet Bayerns keine Geltung, weil in Bayern nach dem aufrecht erhaltenen Art. 33 des Gesetzes über Heimat, Verehelichung und Aufenthalt vom 16. April 1868 dem Standesbeamten immerhin wenigstens das zur Giltigkeit der Eheschließung absolut erforderliche distriktspolizeiliche Zeugniß vorliegen muß, bevor er zur Trauung schreitet, ein solches Zeugniß aber ohne vorheriges Aufgebot oder distriktspolizeiliche Dispensation hievon von den Distriktspolizeibehörden nicht ausgestellt wird und werden darf.[3])

(Vgl. unten „Dispensation“ [Ziff. IV].)

Ausland.

Ehen von Angehörigen des rechtsrheinischen Bayerns im Auslande sind nur giltig, wenn die Eheschließenden vor Abschluß der Ehe das gesetzlich vorgeschriebene distriktspolizeiliche Erlaubnißzeugniß erholt haben. (Siehe: Distriktspolizeil. Verehelichungszeugniß.) Die Unterlassung der Erholung dieses Zeugnisses zieht für den im Auslande zur Ehe geschrittenen rechtsrheinischen Bayern nicht blos die Ungiltigkeit der Ehe nach sich, sondern auch Geldstrafe bis zu 100 fl. oder Arreststrafe bis zu 30 Tagen.[4])

---

[1]) Allg. preuß. LR. 154 II. 1. Für das bayer. LR. folgt dieß schon daraus, daß nach canonischer Satzung das Aufgebot nur ein aufschiebendes Ehehinderniß ist.

[2]) § 69 l. c. Geldstrafe bis zu 600 M.

[3]) Art. 34 Ziff. 2 und Art. 35 des Ges. v. 16. April 1868 über Heimath, Verehelichung und Aufenthalt.

[4]) Gesetz vom 16. April 1868 über Heimat, Verehelichung und Aufenthalt. Art. 41.

Ausländer.

Ausländer, welche auf bayer. Gebiete, ohne nach Bayern förmlich eingewandert zu sein, eine Ehe schließen wollen, haben der Distrikts-Verwaltungsbehörde des Ortes, an welchem die Eheschließung erfolgen soll, den Nachweis vorzulegen, daß nach den im Heimatlande des Mannes geltenden Gesetzen diese Eheschließung zulässig ist und dieselben Wirkungen hat, wie wenn sie im Heimatlande selbst erfolgt wäre.

Ist dieser Nachweis geliefert, so hat die Distrikts-Verwaltungsbehörde ein Zeugniß auszustellen, daß der Eheschließung kein Hinderniß im Wege stehe. [1])

Diese Bestimmung hat den Zweck, jene Gemeinde, in welcher die Eheschließung von Ausländern erfolgt, gegen etwaige Ansprüche der Eheschließenden auf Heimatberechtigung in dieser Gemeinde zu schützen.

Unter dem Ausdrucke „Ausländer“ werden nur Unterthanen eines nicht zum deutschen Reiche gehörigen Staates verstanden. [2]) Falls ein nicht bayerischer, aber deutscher Reichsangehöriger eine Ehe in Bayern schließen will, findet demnach obige Bestimmung keine Anwendung, jedoch ist vorgeschrieben, daß in jedem Falle festgestellt werde, ob der bezügliche Ehecandidat das deutsche Indigenat besitzt und nicht durch seine Militärdienstpflicht an der Verehelichung gehindert ist. [3])

Ist durch ministerielle und dergl. Erklärungen ausländischer Staaten generell bekannt gegeben worden, daß die Eheschließungen von Ausländern in Bayern dieselben Wirkungen und die nämlichen Folgen haben, wie wenn die Eheschließung im ausländischen Heimatstaate des Mannes abgeschlossen worden wäre, so ist die Beibringung eines speciellen Zeugnisses hierüber nicht nothwendig. [4])

Welches Recht kommt zur Anwendung in Prozessen, in welchen eherechtliche Verhältnisse von Ausländern vor inländischen Gerichten zum Austrage kommen?

(Siehe hierüber: „Collision der Rechte“.)

---

[1]) Ges. v. 16. Apr. 1868 über Heimat, Verehelich. u. Aufenth. Art. 39.

[2]) Regierungsblatt 1872 S. 2033—2034.

[3]) Ebendort.

[4]) Dies ist der Fall bezüglich der Niederländer, Schweden, Norweger, Italiener, Belgier, Franzosen.

Auseinandersetzung. Siehe „Vermögensauseinandersetzung“.

Ausschließung neuer Klagegründe.

Der mit einer Ehescheidungsklage oder eine Ungiltigkeitsklage rechtskräftig abgewiesene Kläger kann Thatsachen, welche er in dem früheren Processe oder welche er durch Verbindung der Klagen hätte geltend machen können, als selbstständigen Klagegrund nicht mehr geltend machen. Ein Gleiches gilt für den Beklagten in Ansehung der Thatsachen, auf welche er eine Widerklage zu gründen im Stande war.[1])

Aussetzung des Verfahrens.

Das Gericht kann die Aussetzung des Verfahrens über eine Ehescheidungsklage oder über eine Klage auf Herstellung des ehelichen Lebens von Amtswegen anordnen, wenn es die Aussöhnung der Parteien für nicht unwahrscheinlich erachtet.[2]) Die Aussetzung des Verfahrens darf aber im Laufe des Rechtsstreites nur einmal und höchstens auf ein Jahr angeordnet werden. Wenn Scheidung wegen Ehebruchs begehrt wird, ist die Aussetzung des Verfahrens überhaupt nicht zulässig; ebensowenig ist, wie aus der Fassung der bezüglichen Gesetzesstelle erhellt, eine Aussetzung des Verfahrens statthaft im Falle einer Eheungiltigkeits- oder einer Ehenichtigkeitsklage.

Austritt aus einer Kirchengemeinschaft. Siehe „Glaubensbekenntniß“.

B.

Bayerisches Landrecht.

Das bayer. Landrecht hat in Bezug auf die Erfordernisse der giltigen Eheschließung, auf die Folgen der Nichtbeachtung der Vorschriften über die Erfordernisse der Eheschließung, sowie in Bezug auf die Gründe, aus denen Scheidung einer Ehe begehrt werden kann, vorkommenden Falles den Ehrechten der einzelnen Confessionen und Religionsgemeinschaften freien Spielraum gelassen und

---

[1]) RCPO. § 576.
[2]) RCPO. § 580.

sich enge an das canonische Recht (siehe auch „Canonisches Recht") angeschlossen und dieses ausdrücklich für dieselben als maßgebend erklärt.[1])

Soweit daher das Reichs-Civilehegesetz den Landesrechten in Bezug auf die eben erwähnten Punkte noch fortdauernde Geltung eingeräumt hat, ist für die im Gebiete des bayerischen Landrechts lebenden Katholiken das canonische Recht zur Anwendung zu bringen, für die Protestanten das gemeine protestantische Eherecht, für die Juden das mosaisch-rabbinische Recht.

Beamte. Siehe „Staatsdiener," „Corporationsdiener", „Stiftungsdiener", „Kirchendiener".

Bedingung.

Nach canonischem Rechte[2]) und bayer. Landrechte[3]) war es zulässig, die Giltigkeit einer Ehe von einer ausdrücklich betonten Voraussetzung (des Vorhandenseins bestimmter Eigenschaften), sowie von der Erfüllung einer ausdrücklich gesetzten Suspensivbedingung (aufschiebenden Bedingung) abhängig zu machen und bei Nichtvorhandensein der bedungenen Eigenschaft oder Nichterfüllung der gesetzten Bedingung auf Annullirung der bedingt geschlossenen Ehe anzutragen, wobei jedoch vorausgesetzt wurde, daß sich die Ehegatten bis zu dem Zeitpunkt, in welchem die Bedingung erfüllt werden sollte, oder bis zur Ermittlung über das Dasein der verlangten Eigenschaft der geschlechtlichen Vereinigung enthalten haben, da andernfalls die Bedingung als erlassen galt.

Das gemeine protestantische Kirchenrecht und das allgemeine preußische Landrecht statuirten einen derartigen Ehe-Anfechtungsgrund nicht,[4]) hatten hiezu auch keine Veranlassung, da diese Rechte laxere Bestimmungen über Irrthum und Betrug (siehe bei diesen Worten) hatten. Nach dem jetzigen Stande der Gesetzgebung muß der Ehe-Annullirungsgrund der nicht erfüllten Bedingung oder nicht eingetretenen Voraussetzung auch für die

---

[1]) Bayer. LR. Thl. I. Kap. 6. § 6. § 8, 40, 49, besonders § 49, Ziff. 5.

[2]) Permaneder KR. § 383.

[3]) Bayer. LR. Thl. I. Kap. 6. § 11.

[4]) Richter KR. § 266, Anmerk. 17; allgem. preuß. LR. Thl. II. Tit. I. § 945 mit 984.

bayerischen Katholiken als aufgehoben gelten, da das Civilehegesetz eine derartige Beschränkung der Giltigkeit einer Ehe nicht kennt und alle Vorschriften, welche das Eheschließungsrecht weiter beschränken, als es durch das Civilehegesetz geschieht, aufgehoben erklärt.[1])

Bedingung bei Verlöbnissen.

Für die Bedingungen, unter welchen Verlöbnisse abgeschlossen wurden, waren unbestritten nach allen Rechten von jeher die Bestimmungen des gewöhnlichen bürgerlichen Rechts (Civilrechts) maßgebend.[2])

Beeidigung der Zeugen.

In Ehesachen kann auf die Beeidigung der Zeugen nicht verzichtet werden,[3]) eine Abweichung vom gewöhnlichen Prozeßverfahren, die ihren Grund hat in der Natur des Eheprozesses und namentlich in dem dabei concurrirenden Interesse des Staates an Aufrechthaltung der Ehen und Verhinderung willkürlicher Trennung des Ehebandes.

Befehl. Siehe „Besserungsbefehl", „Rückkehrs-Befehl" und „Verkehrsuntersagung".

Beginn der Rechtskraft. Siehe „Rechtskraft".

Begriff der Ehesachen. Siehe „Ehe" und „Ehesachen".

Beischlaf.

„Der Beischlaf bei bedingter Ehe gilt als Verzicht auf die Bedingung."[4]) Dieser Satz des canonischen Rechts hat jetzt seinen praktischen Werth verloren, da es bedingte Ehen überhaupt nicht mehr gibt.

(Siehe auch „Bedingung".)

Dagegen gilt der freiwillig vollzogene Beischlaf in den Fällen des Zwangs zu einer Ehe, des Betruges oder Irrthums bei Eingehung einer Ehe, abgesehen vom preuß. Landrechte, auch nach jetzigem Rechte auf Seiten des gezwungenen, betrogenen oder im Irrthum befindlich gewesenen Ehetheils als Verzicht auf das Klagerecht.[5]) (Siehe auch: Betrug, Irrthum, Zwang. Ueber

---

[1]) CEG. § 39.
[2]) Permaneder, KR. § 285.
[3]) § 577 Abs. 1 der CPO.
[4]) Permaneder, KR. § 266.
[5]) Permaneder § 266.

den Standpunkt des allgem. preuß. Landrechts in diesem Punkte siehe: „Genehmigung.") Das bedingt abgeschlossene Verlöbniß wird durch den Beischlaf zum unbedingten Verlöbniß.[1])

Aus dem freiwilligen Vollzuge des Beischlafes kann ferner unter Umständen stillschweigende Verzeihung während der Ehe begangener Fehltritte gefolgert werden. (Siehe hierüber: „Verzeihung.")

Beleidigung.

Grobe, widerrechtliche Kränkungen der Ehre sind nach preußischem Landrechte allgemein giltige Ehescheidungsgründe.[2])

Geringfügigere Beleidigungen können von Leuten gemeinen Standes überhaupt nicht, von Leuten mittleren und höheren Standes aber nur dann als Scheidungsgründe geltend gemacht werden, wenn der beleidigende Ehegatte sich derselben ohne dringende Veranlassung, muthwillig und wiederholt schuldig gemacht hat.[3])

Nach bayer. Landrecht, wie auch nach dem gemeinen katholischen und protestantischen Kirchenrechte kann wegen Beleidigungen, selbst wenn sie grober Natur sind, nur zeitweise Scheidung begehrt werden.[4]) Dasselbe gilt von mündlichen Drohungen.

Berufung.

Die Berufung ist auch in Ehesachen das ordentliche Rechtsmittel gegen Urtheile der ersten Instanz (der Landgerichte). Vertheidigungsmittel des Beklagten können in der Berufungsinstanz aus dem Grunde verspäteter Einbringung nicht zurückgewiesen werden.

Beschwerde.

Das Rechtsmittel der Beschwerde findet in den in der Civilprozeßordnung besonders hervorgehobenen Fällen und gegen solche eine vorgängige mündliche Verhandlung nicht erfordernde Entscheidungen statt, durch welche ein das Verfahren betreffendes Gesuch zurückgewiesen ist.[5])

---

[1]) Permaneder KR. § 285.
[2]) Allg. preuß. LR. Thl. II. Tit. 1. § 700.
[3]) Ebendaselbst §§ 701 u. 702.
[4]) Richter, KR. §§ 282 u. 283.
[5]) § 530 der CPO.

Zu den im Gesetze besonders vorgesehenen Fällen, in denen Beschwerde zulässig ist, gehört im Bereiche des Eheprozesses der Fall, wenn das Gericht gegen eine Partei, deren persönliches Erscheinen es angeordnet hat, die aber trotzdem nicht erschienen ist, auf Strafe erkannt hat.[1])

Ebenso gehört hieher der Fall der Aussetzung des Verfahrens,[2]) dann der Fall der Abweisung eines wegen Dringlichkeit an den Vorsitzenden des Prozeßgerichts, statt an dieses selbst gerichteten Antrages auf Erlassung einer einstweiligen Verfügung.[3])

Besserungsbefehl. Siehe „unordentliche Lebensart".

Bestrafung des eines Ehebruchs Schuldigen. Siehe „Ehebruch".

Betrug.

Zum Abschlusse einer giltigen Ehe gehört vor Allem die freie Einwilligung der künftigen Gatten. Soferne es daran auf der einen oder anderen Seite gefehlt hat, ist die Ehe ungiltig und zwar sowohl im Gebiete des bayer. Landrechts[4]) als des preuß. Landrechts;[5]) denn der Mangel der Willensfreiheit gehört zu den privaten Hindernissen, welche nicht von Amtswegen, sondern nur durch die betheiligten Privaten gerügt werden können, welche also keine Nichtigkeit, sondern nur Ungiltigkeit (Anfechtbarkeit) der Ehe bewirken.[6])

Die freie Einwilligung ermangelt u. A. im Falle eines Betrugs, eines Irrthums oder eines Zwangs.

Der Betrug Seitens des einen Gatten hat stets einen Irrthum des andern Gatten im Gefolge.

Da andererseits der Irrthum auch für sich allein, ohne daß er durch einen Betrug veranlaßt wurde, als Ungiltigkeitsgrund vorkommen kann, so erscheint dieser als die Hauptkategorie der hieher gehörigen Ungiltigkeitsfälle und sind die Fälle des Betruges nur eine Unterabtheilung zur Lehre vom Irrthum, indem sie den durch Betrug

---

1) §§ 579 und 345 der CPO.
2) §§ 580 und 229 der CPO.; siehe auch oben: Aussetzung.
3) §§ 822, 530 und 584 der CPO.
4) Bayer. LR. Thl. I. c. 6. § 8.
5) Allg. preuß. LR. Thl. II. c. 1. § 971. 41.
6) Vrgl. § 592 der RCPO.

veranlaßten Irrthum betreffen. Es ist daher zweckmäßig, um Wiederholungen zu vermeiden, bezüglich des Weiteren, was über den Betrug zu sagen ist, auf die Abhandlung über den „Irrthum“ zu verweisen.

Beweisaufnahme.

Abweichend von dem gewöhnlichen Verfahren ist in Ehestreitigkeiten die Eideszuschiebung und der Antrag, dem Gegner die Vorlegung einer Urkunde aufzugeben, unzulässig, soweit es sich um Thatsachen handelt, welche die Trennung, Ungiltigkeit oder Nichtigkeit der Ehe begründen sollen;[1]) auch kann das Gericht zum Zwecke der Aufrechterhaltung der Ehe Thatsachen, welche von den Parteien nicht vorgebracht sind, berücksichtigen und die Aufnahme von Beweisen von Amtswegen anordnen. Vor der Entscheidung hierüber sind die Parteien zu hören,[2]) endlich kann auch der Staatsanwalt zum Zwecke der Aufrechterhaltung einer Ehe neue Thatsachen und Beweismittel vorbringen.[3])

Bigamie (Doppelehe).

Das Christenthum kennt nur monogamische Verbindungen. Das deutsche Reichs-Strafgesetzbuch betrachtet die Eingehung einer weiteren Ehe vor Auflösung einer bereits bestehenden als ein Verbrechen wider die Sittlichkeit, welches mit öffentlicher Strafe bedroht ist.[4])

Im Anschlusse hieran enthält § 34 des Reichs-Civilehegesetzes das Verbot der mehrfachen Ehe für das Gebiet des Civilrechts.

Nach der Bestimmung des eben angeführten Paragraphen darf Niemand eine neue Ehe schließen, bevor nicht seine frühere Ehe aufgelöst, für ungiltig oder nichtig erklärt ist.

Die Folge der Eingehung einer neuen Ehe bei gleichzeitigem Fortbestehen der früheren Ehe ist theils Nichtigkeit, theils Ungiltigkeit der neuen Ehe.[5])

---

[1]) RCPO. § 577. Abs. 2.
[2]) Ebendaselbst § 581.
[3]) Ebenda § 569. Abs. 3.
[4]) §§ 171 u. 338 des RStGB.
[5]) Bayer. LR. Thl. I. c. 6. § 8. Nr. 5. Allg. preuß. LR. Thl. II. Tit. 1. § 936. 942 945. 948. Richter, KR. § 269.

Nach kanonischem und gemeinem Rechte ist die zweite während des Bestehens einer früheren Ehe eingegangene Ehe selbst dann nichtig, wenn einer der Contrahenten oder sogar beide in gutem Glauben sich befunden, d. h. von dem Bestehen der früheren Ehe keine Kenntniß gehabt haben. Nur wird eine solche „vermeinte Ehe“ (Putativ-Ehe), so lange sich die Eheleute in gutem Glauben befinden, in ihrer Wirksamkeit in Bezug auf eheliche Güterrechtsverhältnisse, auf die Rechtmäßigkeit der Kinder und die väterliche Gewalt über dieselben einer rechtsbeständigen Ehe gleich erachtet.[1]) Nach preuß. Landrechte ist in diesem Falle die Ehe nur ungiltig.[2])

Ja, dieses Recht geht soweit, in einem Falle nicht einmal Ungiltigkeit der zweiten Ehe zu statuiren. Ist nämlich ein verschollener Ehegatte rechtskräftig für todt erklärt, so besteht die von dem anderen Theile eingegangene neue Ehe vollkommen zu Recht, auch wenn der für todt Erklärte wieder zum Vorschein kommt;[3]) Letzterer wird kraft gesetzlicher Bestimmung als wirklich todt erachtet und kann weder auf Nichtigkeitserklärung noch auf Ungiltigkeitserklärung der zweiten Ehe antragen. Ist aber eine Wiederverheirathung des zurückgebliebenen Gatten nicht erfolgt, so wird beim Wiederzumvorscheinkommen des für todt Erklärten die Ehe als fortdauernd betrachtet.[4])

Diese Gesetzesbestimmungen ermangeln zwar der Consequenz, sind aber Concessionen, welche die preuß. Gesetzgebung den Bedürfnissen des praktischen Lebens gemacht hat.

Das Klagerecht steht im Gebiete des bayer. Landrechts sowohl in Ansehung bigamischer Ehen der Katholiken als der Protestanten dem Staatsanwalte zu, weil, wie oben bemerkt, nach dem im Gebiete des bayer. Landrechts maßgebenden canonischen Rechte und dem gemeinen Kirchen- und Eherechte der Protestanten solche Ehen durchwegs als nichtig zu erachten sind, daher von Amtswegen getrennt werden müssen. Aber auch die beiden Ehe-

---

[1]) Bayer. LR. Thl. I. c. 6. § 44.
[2]) Allg. preuß. LR. Thl. II. Tit. 1. §§ 942, 950; 948.
[3]) Allg. preuß. LR. Thl. II. Tit. 1. § 666.
[4]) Ebendaselbst § 667.

gatten, sowie ein Dritter, der ein rechtliches Interesse daran hat, daß die Ehe als nichtig erklärt wird, sind klageberechtigt.[1]) Im Gebiete des preuß. Landrechts hat der Staatsanwalt das Klagerecht nur bei verschuldeter Bigamie. Bei unverschuldeter Bigamie, d. h. also in Fällen, wo beide Ehetheile aus Irrthum die frühere Ehe für gelöst hielten, steht das Recht der Klagestellung zunächst und zweifellos dem ersten Ehegatten. Ob aber, wenn dieser die Ungiltigkeit nicht geltend macht, auch jeder der beiden aus unverschuldetem Irrthum über die Existenz der früheren Ehe in die zweite Ehe eingetretenen Gatten auf Ungiltigkeit der späteren Ehe klagen kann, darüber schweigt das Gesetz und ist der Fall in der Praxis streitig.[2]) Es dürfte die Meinung Derjenigen richtig sein, welche beiden Ehegatten, welche die spätere Ehe geschlossen haben, das Recht zusprechen, innerhalb 6 Monaten nach erlangter Kenntniß von dem Irrthum die spätere Ehe als ungiltig anzufechten.

Wird die frühere Ehe durch Zufall (z. B. wirklichen Tod des früher todtgeglaubten Ehegatten erster Ehe) getrennt, so wird nach preuß. Landrecht die spätere Ehe von selbst giltig, während sie nach bayer. Landrecht und canonischem Rechte, wie auch nach gemeinem protestantischen Eherechte auch in diesem Falle nichtig bleibt und getrennt werden muß.

Wird die unverschuldete bigamische Ehe im Sinne des preuß. Landrechts von keiner Seite, also weder von dem ersten Ehegatten, noch von einem der Gatten der späterern Ehe angefochten, so tritt der Fall ein, daß für den zur weiteren Ehe geschrittenen, schon früher verheiratheten Gatten eine rechtsgiltige und eine ungiltige Ehe neben einander bestehen.

Näheres über die Nichtigkeitsklage, über die Ungiltigkeitsklage, über die Folgen im einen und im anderen Falle, endlich über die Folgen der Nichtanfechtung der ungiltigen Ehe siehe unten bei: „Nichtigkeit", „Nichtigkeitsklage", „Ungiltigkeitsklage", „Vermögensabtheilung".

---

[1]) Bayer. Ausführ.-Ges. z. CPO. Art. 93.

[2]) Koch, Privatrecht Bd. II. § 746; Peter's Ehescheidung § 33 b.

Blödsinn.

Die Ehe eines Blödsinnigen ist nach bayer. wie nach preuß. Landrechte ungiltig wegen Mangels der freien Einwilligung.

[Siehe „Einwilligung".] [1])

Der erst nach giltig abgeschlossener Ehe bei einem Ehegatten eintretende Blödsinn bildet keinen Ehescheidungsgrund. [2])

Blutsfreundschaft. Siehe „Blutsverwandtschaft".

Blutschande wird strafrechtlich geahndet. Siehe „Blutsverwandtschaft".

Blutsverwandtschaft.

Das durch die Bande des Blutes zwischen mehreren Personen begründete Verwandtschafts-Verhältniß ist innerhalb gewisser Grenzen fast von allen Völkern und zu allen Zeiten als ein Ehehinderniß anerkannt worden. [3])

Bei Berechnung der Verwandtschaft ist zu berücksichtigen:

1) der Stamm,
2) die Linie,
3) der Grad.

Unter Stamm versteht man jene Person, von welcher die fraglichen Verwandten ihren gemeinsamen Ursprung haben.

Die Linie ist die fortlaufende Reihe der Abstammenden.

Sie ist entweder die gerade, d. h. die Reihe der Erzeuger und Erzeugten, oder die Seitenlinie, d. h. jene, welche alle Personen umfaßt, die, ohne selbst von einander abzustammen, doch einen gemeinschaftlichen Stamm-Vater haben.

Die gerade Linie heißt ferner „aufsteigend" oder „absteigend", je nachdem von Sohn, Tochter, Enkel 2c.

---

[1]) Permaneder, KR. § 382. Bayer. LR. Thl. I. Kap. 6. § 3 Nr. 2; allg. preuß. LR. Thl. II. Tit. 1. § 971. Striethorst, Archiv. Bd. 99. S. 201.

[2]) Für das bayer. LR. ist dies selbstverständlich (siehe: „Ehescheidungsgründe"); für das allg. preuß. LR. cfr. Thl. II. Tit. 1. § 698. Striethorst, Archiv. Bd. 10. S. 296 u. Bd. 87. S. 67.

[3]) Permaneder, KR. § 392.

aufwärts zum Erzeuger, oder umgekehrt vom Erzeuger abwärts zu den Erzeugten gezählt wird.

Der Grad der Verwandtschaft endlich ist der Abstand der fraglichen Personen von einander, berechnet nach der Zahl der Zeugungen.

Bei der Berechnung der Verwandtschaftsgrade entscheidet in der geraden Linie auf- und abwärts der Grundsatz: Soviel Grade sind gegeben, als Zeugungen vorliegen.

In der Seitenlinie dagegen werden — nach der sogen. canonischen Computation — nur die Zeugungen auf einer Seite und zwar, wenn die zwei in Betracht kommenden Seiten ungleich sind, die Zeugungen auf der längeren Seite gezählt. Die Abgrenzung der verbotenen Verwandtschaftsgrade ist bisher in Deutschland nirgends eine gleichartige gewesen. Das Civilehegesetz hat eine einheitliche Regelung des Ehehindernisses der Verwandtschaft für ganz Deutschland geschaffen. Dasselbe ging hiebei von dem Grundsatz aus, daß es sich nicht empfehle, die Ehe civilrechtlich zwischen Personen zu verbieten, zwischen denen eine außereheliche Geschlechtsgemeinschaft strafrechtlich nicht verboten ist.[1])

Im Anschlusse an § 173 des R.-Strafgesetzbuches erstreckt daher das Civil-Ehegesetz das Ehehinderniß der Blutsfreundschaft auf die Ehe

1) zwischen Verwandten in auf- und absteigender Linie jeden Grades,

2) zwischen voll- und halbbürtigen Geschwistern.[2])

(Also in der geraden Linie durch alle Grade, in der Seitenlinie auf den I. Grad), ohne Unterschied, ob das Verwandtschaftsverhältniß auf ehelicher oder außerehelicher Geburt beruht). Alle Vorschriften des bisherigen Rechts der einzelnen Länder, welche die Ehe über die oben bezeichneten Grade hinaus verbieten, sind außer Kraft gesetzt.

Am wenigsten alterirt erscheint hiedurch das preußische Landrecht, denn dieses hatte ohnedieß das Eheverbot der Blutsfreundschaft auf die Reihe der Ascendenten und

---

[1]) Dr. Völk, Comm. z. CEG., Anm. zu § 33.

[2]) CEG. § 33.

Descendenten und auf den I. Grad der Seitenlinie beschränkt, im II. Grad aber nur die Ehe der Tante mit dem Neffen, wenn dieser jünger war, im Allgemeinen für verboten erklärt, was jetzt aufgehoben ist.[1]) Desto größeren Abbruch erlitt das auf dem Boden des canonischen Rechtes stehende bayer. Landrecht.

Nach diesem war — von dem aufrecht gebliebenen Eheverbote in der geraden Linie abgesehen — die Ehe zwischen Seitenverwandten im ersten, zweiten, dritten und vierten Grade verboten,[2]) wobei übrigens im dritten und vierten Grade auf Ansuchen regelmäßig Dispens ertheilt wurde.

Das Civilehegesetz hat in Folge der Einschränkung des Ehehindernisses der Verwandtschaft jede Dispensation ausgeschlossen.

Die Folge einer gegen das Ehehinderniß der Blutsverwandtschaft eingegangenen ehelichen Verbindung ist nach kanonischem, wie nach gemeinem protestantischen Rechte und nach dem preußischen Landrechte deren Nichtigkeit.[3])

Bösliche Verlassung.

Die bösliche Verlassung setzt begrifflich voraus, daß ein Ehegatte den anderen in der rechtswidrigen Absicht verläßt, sich der Pflicht des ehelichen Zusammenlebens zu entziehen.[4])

Diese Absicht wird erst dann als gegeben erachtet, wenn der eine Ehegatte sich von dem anderen eigenmächtig ohne hinreichenden Grund (= widerrechtlich) entfernt hat und trotz richterlichen Rückkehrbefehls nicht wieder zurückkehrt.

Der böslichen Verlassung wird gleich erachtet die widerrechtliche Verstoßung eines Ehetheils durch den anderen. Auch im letzteren Falle gehört zur Erschöpfung des gesetzlichen Begriffes nicht nur die eingetretene widerrechtliche Verstoßung, sondern auch die Verweigerung der

[1]) Allg. preuß. LR., Thl. II, Tit. I, §§ 809, 810.

[2]) Bayer. LR., Thl. I, c. 6, § 9.

[3]) Permaneder, KR. § 393. Richter, KR. § 271. Bayer. LR. Thl. I. c. 6. § 9. Nr 1. Allg. preuß. LR. Thl. II. Tit. 1. § 935.

[4]) Richter, KR. Buch V. c. 4. § 283; allg. preuß. LR. Thl. II. Tit. I. §§ 667–693.

Wiederaufnahme trotz richterlichen Befehls; erst wenn beide Momente vorhanden sind, ist ein Grund gegeben, Ehescheidung zu verlangen.[1])

Auch wenn die Frau früher mit Willen des Mannes von ihm entfernt lebte, dann aber seiner Aufforderung ungeachtet nicht zu ihm zurückkehrt, ist der Mann berechtigt, Klage wegen böslicher Verlassung zu erheben. Von der Verbindlichkeit, zu ihrem Manne zurückzukehren, kann die Frau auch nicht durch eine früher gegebene Erlaubniß des Mannes, auf unbestimmte Zeit von ihm getrennt leben zu dürfen, befreit werden; denn eine derartige Privatübereinkunft ist gesetzlich ungiltig.

Ganz das Gleiche gilt natürlich in dem Falle, wenn nach früherer freiwilliger Absonderung die Frau wieder zu ihrem Manne zurückkehren, dieser aber sie nicht wieder aufnehmen will.

Widerrechtlich („böslich") ist die Verlassung dann nicht, wenn ein rechtmäßiger Grund zu derselben vorlag, z. B. wenn der verlassende Ehetheil hiezu durch thätliche Mißhandlungen des anderen Ehetheils veranlaßt wurde.

Es muß aber diesenfalls alsbald vom verlassenden Theil auf gänzliche oder zeitweise Scheidung wegen der widerfahrenen Mißhandlungen geklagt werden. Unterbleibt dieß und es wird der Aufforderung zur Rückkehr nicht Folge geleistet, so fällt der ursprünglich gerechtfertigte Grund der Verlassung wieder hinweg.

Auch die Verstoßung (Weigerung, die Frau wieder aufzunehmen) kann einen gerechtfertigten Grund haben und ist dann keine der böslichen Verlassung gleichzuerachtende Handlung. So kann, wenn der von der Frau verlassene Ehemann nach fruchtlosem Rückkehrsbefehl Klage gegen die Frau wegen böslicher Verlassung gestellt hat und nach erhobener Klage die Ehefrau sich einfindet und wieder aufgenommen zu werden verlangt, der Mann ohne Verlust seines Klagerechts und ohne seinerseits der Frau hiedurch einen Scheidungsgrund zu geben, die Frau zurückweisen. Ebenso kann nach preußischem Landrechte

---

[1]) Auch die Nichtbefolgung eines erwirkten Rückkehrbefehls macht für sich allein noch nicht den Begriff der böslichen Verlassung aus. Vgl. bayer. Ausf.-Ges. zur CPO. Art. 92.

der Ehemann, ohne dadurch einen Scheidungsgrund zu geben, die Aufnahme der Frau verweigern, wenn sie sich eigenmächtig und ohne rechtmäßigen Grund von ihm entfernt hat und sich bei ihrer Rückkehr auf sein Erfordern über ihren unbescholtenen Wandel während der Dauer ihres Getrenntlebens nicht ausweisen kann,[1]) mit anderen Worten — es gesteht dieses Recht der Ehefrau, die ihren Mann verlassen hat, ein Klagerecht wegen verweigerter Aufnahme nur dann zu, wenn sie sowohl zur rechten Zeit (d. h. noch vor Erhebung der Klage des Ehemannes gegen sie wegen böslicher Verlassung), als auch mit einem Sittlichkeitszeugniß versehen zum Manne zurückgekehrt und nicht aufgenommen worden ist. Als Besonderheit des allgemeinen preußischen Landrechts ist zu erwähnen, daß die Ehefrau eines entwichenen Soldaten sofort — ohne Abwartung irgend einer Frist — auf Ehescheidung wegen böslicher Verlassung klagen kann.[2]) Die Scheidung, welche das allgemeine preußische Landrecht aus dem Grunde der böslichen Verlassung gewährt, ist die gänzliche Lösung des Ehebandes. Auch das für die im Gebiete des bayerischen Landrechts lebenden Protestanten und Dissidenten maßgebende gemeine protestantische Eherecht gewährt wegen böslicher Verlassung völlige Trennung der Ehe auch dem Bande nach.[3]) Das für die im Gebiete des bayerischen Landrechts lebenden Katholiken maßgebende canonische Eherecht gestattet hierwegen nur zeitliche Trennung — je nach Ermessen des Gerichts — auf bestimmte oder unbestimmte Zeit.[4])

Im Uebrigen siehe auch: „Rückkehrsbefehl“.

C.

Canonisches Recht.

Canonisches Recht (d. h. katholisches Kirchenrecht) findet für die im Gebiete des bayer. Landrechts lebenden Katholiken Anwendung

---

[1]) Allg. preuß. LR. Thl. II. Tit. 1. § 687.
[2]) Anhang z. allg preuß. LR § 80.
[3]) Richter. KR. Buch V. Cap. 4. § 283.
[4]) Ebendaselbst § 282. Permaneder, KR. § 422.

1) in allen Fällen, in denen es sich um Scheidung einer rechtsgiltig geschlossenen Ehe handelt; [1])
2) bei Ehe-Nichtigkeits- und Ehe-Ungiltigkeits-Klagen, wenn es sich um die rechtlichen Folgen einer gegen die Bestimmungen des Civilehegesetzes über die Erfordernisse der Eheschließung, wie solche in den §§ 28 bis 35 des Gesetzes aufgestellt sind, abgeschlossenen Ehe handelt, oder wenn die Frage zu prüfen und zu verbescheiden ist, welchen Einfluß Zwang, Irrthum und Betrug auf die Giltigkeit der Ehe üben. [2])

(Siehe auch: „Bayerisches Landrecht".)

Castraten-Ehen.

Die Ehe von gänzlich verschnittenen Personen war nach canonischem und gemeinem protestantischen Rechte nichtig [3]) und deßhalb von Amtswegen zu trennen. Dieser Ehe-Nichtigkeitsgrund muß Angesichts des Inhaltes des § 39 des Civil-Ehegesetzes als aufgehoben erachtet werden.

Als Ehe-Ungiltigkeits-, d. h. Anfechtungsgrund besteht derselbe zweifelsohne weiter. Soferne nämlich der eine Ehetheil in Folge Irrthums, Betrugs oder Zwangs eine Ehe mit einem Verschnittenen abschloß, ist dieselbe in Gemäßheit des § 36 des Civil-Ehegesetzes und der bezüglichen Landesrechte (canonisches Recht, gemeines protestantisches, bayerisches, preußisches Landrecht) anfechtbar. [4])

Civilehe = „bürgerliche Ehe". Siehe „Ehe".

Cölibat = Ehelosigkeit.

Die katholischen Geistlichen haben die ihnen kirchlich auferlegte Verpflichtung, ehelos zu bleiben.

Schließt ein katholischer Priester gleichwohl eine Ehe, so kann dieselbe nicht als ungiltig oder nichtig betrachtet werden, da das Ehehinderniß der geistlichen Weihe (ordo) abgeschafft ist. [5]) Die disciplinäre Strafbarkeit des dem

---

[1]) Dieß aus dem Grunde, weil das CEG. an dem bestehenden Entscheidungsrechte überhaupt nichts geändert hat.
[2]) CEG. § 36.
[3]) Richter, KR., Buch V. Kap. IV. § 270.
[4]) Siehe oben „Betrug", ferner unten „Impotenz".
[5]) CEG. § 39 im Zusammenhalt mit §§ 28 bis 36.

Cölibat zuwiderhandelnden Geistlichen vom Standpunkt des canonischen Rechtes aus ist nach wie vor gegeben.

Collision der Rechte (Zusammentreffen mehrerer Rechte).

Das an einem bestimmten Orte geltende Recht kann nicht unter allen Verhältnissen Anwendung finden; der Richter kann in die Lage kommen, auf das Recht entweder des Auslandes oder anderer Reichsgebiete desselben Landes Rücksicht zu nehmen, und zwar in allen Fällen, in welchen Rechtsverhältnisse in Betracht kommen, die nach einem solchen auswärtigen Rechte bereits festgestellt sind.

Die Frage, welches Recht der Richter anzuwenden hat, wenn es sich um Rechtsverhältnisse handelt, welche in einem anderen Rechtsgebiete entstanden sind, ist nach den gemeinrechtlich in dieser Hinsicht geltenden Grundsätzen zu entscheiden.

Diesen gemäß richtet sich die Gesammtheit der persönlichen Verhältnisse eines Rechtssubjektes nach dem Rechte des Wohnortes u. bezw. des Heimatortes.

Dieß gilt insbesonders von der Rechtsfähigkeit und von der Gesammtheit der ehelichen Verhältnisse (der Frage, ob ein giltiger Eheabschluß vorliegt, ob ein Nichtigkeitsgrund gegeben ist u. s. w).

Alle diese Verhältnisse werden nach dem persönlichen Rechte behandelt und ist ein vorübergehender Wohnungswechsel ohne allen Einfluß, aber auch selbst bei vollständiger Uebersiedlung in ein anderes Rechtsgebiet hat das Recht des Ansiedlungsortes keinen Falls rückwirkende Kraft, so daß also früher bereits begründete Rechtsverhältnisse dadurch nicht umgestaltet werden.

Die reichsgesetzliche Regelung der Eheschließung hat die Möglichkeit einer Collision der Statuten nicht beseitigt, umsoweniger, als das Reichs-Civilehegesetz nur einen Theil der Erfordernisse der Eheschließung feststellt, bezüglich einzelner Erfordernisse dagegen, welche die Willens- und Vertragsfreiheit betreffen, ausdrücklich auf die Landesgesetze verweist (§ 36 Abs. 2), denen es auch hinsichtlich der rechtlichen Folgen einer gegen die reichsgesetzlichen Bestimmungen über die Erfordernisse der Eheschließung erfolgten Verehelichung, dann hinsichtlich des ganzen Gebietes der Ehescheidungsgründe freien Spielraum läßt. Abgesehen davon unterliegen der richterlichen Entscheidung oft auch Streitsachen in Bezug auf Ehen von Ausländern.

In allen diesen Fällen kann es zu einer Statuten-Collision, d. h. zu Zweifeln kommen, welches Recht anzuwenden ist. In Consequenz der oben erwähnten gemeinrechtlichen Grundsätze hat sich in Ehesachen folgende Praxis gebildet:

1) Ist die Giltigkeit einer Ehe in Frage, so kommen die Gesetze des Ortes in Anwendung, an welchem der Ehemann zur Zeit der Eingehung der Ehe seinen Wohnsitz hatte;
2) die Gründe eines Ehe-Scheidungsbegehrens aber werden nach den Gesetzen des Ortes beurtheilt, an welchem der Mann zur Zeit der erhobenen Klage seinen Wohnsitz hatte.

Von den an ein und demselben Orte geltenden verschiedenen Rechten kommen ferner zur Anwendung:

1) Wenn beide Streitstheile derselben Confession oder Religion angehören, das durch die Religionsangehörigkeit derselben bedingte Eherecht;
2) bei sogen. gemischten Ehen ist zu unterscheiden, ob es sich
   a. um die Nichtig- oder Ungiltigkeitserklärung einer Ehe handelt, oder
   b. um eine Ehescheidung.

In den ersteren Fällen ist zu untersuchen, ob der Mangel eines gesetzlichen Erfordernisses beide Ehegatten oder nur einen trifft. Trifft der prozeßgegenständige Mangel eines gesetzlichen Erfordernisses beide Ehegatten, so ist die Ehe für nichtig und bezw. ungiltig zu erklären, wenn auch nur eines der beiden in Betracht kommenden Eherechte diese Folge androht; wird dagegen die Ehe als ungiltig oder nichtig angefochten wegen des lediglich bei einem der Ehetheile vorhandenen Mangels eines gesetzlichen Erfordernisses, so ist die Ehe aufzulösen, wenn dieß nach dem Eherechte dieses Theiles geboten ist.[1])

---

[1]) Petersen in Hauser's Zeitschrift für Reichs- und Landrecht II. 413. v. Seel in den Bl. f. R. A. Bd. 21 (neue Folge) S. 263/264.

Bei Ehescheidungen ist nunmehr allgemein der Grundsatz anerkannt, daß lediglich das Recht entscheidet, welchem der verletzte, also der klägerische Theil angehört, folgeweise für eine Widerklage das Recht, welchem der widerklagende Theil angehört.[1])

Compensation (Aufrechnung).

Die Aufrechnung von Schuld gegen Schuld kann im Ehescheidungsprozesse vorkommen.

Nach canonischem Rechte und bayer. Landrechte, sowie nach gemeinem protestantischen Eherechte[2]) findet durchweg eine Compensation des Ehebruches statt.

Dabei geht die Praxis von dem Grundsatze aus, daß von Amtswegen compensirt werden darf, d. h. daß das Gericht, wenn es einmal Kenntniß davon erlangt hat, daß der wegen Ehebruches klagende Theil selbst sich eines Ehebruches schuldig gemacht hat, die Klage abweisen kann, auch wenn der verklagte Theil keine Compensations-Einrede aus dem Ehebruche des anderen Theiles ableiten will.[3])

Das preuß. Landrecht läßt nur den ehebrecherischen Mann, welcher von der Frau auf Scheidung verklagt wird, mit der Compensationseinrede zu, während die des Ehebruches schuldige Frau der Klage ihres des Ehebruches gleichfalls schuldigen Ehemannes nicht widersprechen darf.[4])

Anderweitige gegenseitige Verfehlungen werden in Bezug auf die Frage, ob die Ehe geschieden werden soll oder nicht, keineswegs gegen einander compensirt, wohl aber wird bei der Prüfung der Frage, wer als überwiegend schuldiger Theil erklärt (und daher mit den Ehescheidungsstrafen belegt) werden soll, das beiderseitige Verfehlen der Eheleute gegen einander abgewogen und bei beiderseitigem gleich schweren Verschulden die beider-

---

[1]) Diese Praxis wurde in Bayern durch Verordnung v. 28. Juli 1818 gesetzlich bestätigt.

[2]) Richter, KR. Buch V. Kap. IV. §§ 282 u. 283; bayer. LR. Thl. I. c. 6. § 42.

[3]) Urtheil des Bezirksgerichts München l. d. J. in Sachen Burger gegen Burger. (Jahrg. 1877.)

[4]) Allg. preuß. LR. Thl. II. Tit. 1. §§ 670—677.

seitige Schuld compensirt, d. h. kein Theil mit Ehestrafen belegt.[1])

Competenz. Siehe „Zuständigkeit“.

Concubinat. Siehe unter „Ehe“.

Confession. Siehe „Glaubensbekenntniß“.

Consens. Siehe „Einwilligung in die Eheschließung“; dann „Elterliche Einwilligung“.

Copulation = Trauung durch den Pfarrer.

Diese war bis zur Einführung der Civilehe bei Meidung der Nichtigkeit der eingegangenen ehelichen Verbindung vorgeschrieben.

Das Civil-Ehegesetz verlangt Trauung durch den vom Staate aufgestellten Standesbeamten und stellt es den Eheschließenden frei, sich außerdem kirchlich, d. i. durch den Pfarrer, trauen zu lassen,[2]) unter Hinweis darauf, daß die kirchlichen Verpflichtungen in Bezug auf die Trauung ꝛc. ꝛc. durch das Civil-Ehegesetz nicht berührt werden.[3])

Corporations-Beamte.

Corporations-Beamte, deren Anstellung dem Staate oder einer öffentlichen Behörde zusteht, bedürfen zur Verehelichung der vorherigen Erholung der dienstlichen Bewilligung nach Maßgabe der bestehenden Dienstes-Vorschriften.[4])

Ueber die Folgen der Mißachtung dieser Bestimmung vergl. unten „Staatsdiener“.

D.

Desertion. Siehe „Bösliche Verlassung“.

Dispensation.

Es versteht sich von selbst, daß Derjenige und nur Derjenige, welcher das Recht hat, Gesetze zu geben, auch

---

[1]) Dieß ist für das preuß. LR. ausdrückliche gesetzliche Vorschrift (Thl. II. Tit. 1. §§ 746 mit 751), für die übrigen Rechte durch die Praxis feststehend.

[2]) § 41 des CEG.

[3]) § 82 des CEG.

[4]) CEG. § 38; bayer. Ges. über Heimat, Verehelichung u. Aufenthalt. Art. 34. Ziff. 3.

das Recht besitzt, Jemanden von der Befolgung der gegebenen Gesetze zu entbinden (zu dispensiren).

Mit der Einführung der rein bürgerlichen Form der Eheschließung hat der Staat das ausschließliche Recht der Gesetzgebung auf dem Gebiete der Ehe in Anspruch genommen und mußte daher auch die Befugniß zur Dispensation von den Ehegesetzen als sein alleiniges Recht erklären. Es ist daher durch § 40 des Civilstandsgesetzes bestimmt worden:

„Die Befugniß zur Dispensation von Ehehindernissen steht nur dem Staate zu.“

Aus Zweckmäßigkeitsgründen wurde beigefügt: „Ueber die Ausübung dieser Befugniß haben die Landesregierungen zu bestimmen“, — wobei es selbstverständlich ist, daß die letzteren sich hiebei innerhalb der durch das Gesetz gezogenen Schranken zu halten haben.

Bei der Aufhebung der zahlreichen Ehehindernisse der einzelnen Landesrechte und namentlich des canonischen Rechtes sind nur mehr wenige Dispensationsfälle übrig geblieben.

Diese sind:

1) Die Eheunmündigkeit,
2) das Hinderniß des Ehebruches;
3) das Hinderniß der Wartezeit;
4) das Aufgebot (§§ 28, 33; Ziff. 5, 35, 50) des Civil-Ehegesetzes.

In Bayern ist das Dispensationswesen durch die Allerhöchste Verordnung vom 14. Dezember 1875 und durch Bekanntmachung des k. Staatsministeriums der Justiz vom 24. Dezember 1875 geregelt worden, wie folgt:

I. Die Befugniß zur Dispensation vom gesetzlichen Alter der Ehemündigkeit wird vom Landesherrn nach Einvernahme des Staatsministeriums der Justiz ausgeübt.[1])

Das Gesuch um Dispensation ist bei dem Amtsgerichte, in dessen Bezirk der um Dispens nachsuchende Verlobte seinen Wohnsitz hat oder sich gewöhnlich aufhält, einzureichen.

Das Gericht hat dieses Gesuch zu instruiren und mit gutachtlicher Aeußerung dem Staatsanwalte beim

---

[1]) Verordn. v. 15. Dez. 1875 § 1.

vorgesetzten Gerichte mitzutheilen, welcher die etwa weiter erforderlichen Erhebungen entweder selbst pflegt oder deren nachträgliche Erhebung beim Instruktionsgerichte beantragt, und schließlich das Gesuch mit gutachtlicher Aeußerung dem Oberstaatsanwalt vorlegt behufs Einbeförderung an das Staatsministerium der Justiz.[1])

II. Die Befugniß zur Dispensation von dem Verbote der Ehe zwischen einem wegen Ehebruchs Geschiedenen und seinem Mitschuldigen wird vom Landesherrn nach Einvernahme des Staatsministeriums der Justiz ausgeübt.[2])

Das Dispensationsgesuch ist beim Staatsanwalte desjenigen Landgerichts einzureichen, bei welchem der Ehescheidungsprozeß in erster Instanz anhängig war.

Der Staatsanwalt hat nach Instruktion des Gesuches dasselbe dem Oberstaatsanwalte vorzulegen, welcher es, falls er die Instruktion für ausreichend erachtet, mit gutachtlicher Aeußerung dem Staatsministerium der Justiz einsendet.[3])

III. Von der gesetzlichen Vorschrift, nach welcher Frauen erst nach Ablauf des 10. Monats seit Beendigung der früheren Ehe eine weitere Ehe eingehen dürfen, dispensirt das Justizministerium.[4])

Das Verfahren bei Instruktion der bezüglichen Gesuche ist dasselbe, wie bei den Gesuchen um Dispensation vom Alter der Ehemündigkeit.[5])

IV. Die Dispensation vom Aufgebote steht im rechtsrheinischen Bayern der Distriktsverwaltungsbehörde des Ortes — in München dem Magistrate — zu, an welchem der zuständige Standesbeamte seinen Amtssitz hat.[6])

Hierauf bezügliche Gesuche sind bei den ebengenannten Behörden schriftlich oder mündlich zu stellen und zu begründen.[7])

---

[1]) Bekanntmachung v. 24. Dez. 1875 § 1.
[2]) Verordn. v. 15. Dez. 1875 § 1.
[3]) Bekanntm. v. 24. Dez. 1875. Ziff. 2.
[4]) Verordn. v. 15. Dez. 1875.
[5]) Bekanntm. v. 24. Dez. 1875.
[6]) Verordn. v. 15. Dez. 1875.
[7]) Bekanntm. v. 24 Dez. 1875.

Dissidenten.

Unter Dissidenten versteht man Personen, welche keiner der vom Staate anerkannten Religionsgemeinschaften angehören. Kraft besonderer gesetzlicher Bestimmung ist in Bayern in Ansehung der Ehen von Dissidenten das gemeine Eherecht der Protestanten als maßgebendes Eherecht erklärt.[1])

Districtspolizeiliches Verehelichungs-Zeugniß.

In Nr. III § 1 des Versailler Bündnißvertrages vom 23. November 1870 ist bestimmt:

„Das Recht der Handhabung der Aufsicht Seitens des Bundes über die Heimat- und Niederlassungs-Verhältnisse und dessen Recht der Gesetzgebung über diesen Gegenstand erstreckt sich nicht auf das Königreich Bayern."

Nr. I des Schlußprotokolles hiezu lautet:

„Es wurde auf Anregung der k. bayerischen Bevollmächtigten anerkannt, daß, nachdem sich das Gesetzgebungsrecht des Bundes bezüglich der Heimats- und Niederlassungs-Verhältnisse auf das Königreich Bayern nicht erstreckt, die Bundeslegislative auch nicht zuständig sei, das Verehelichungswesen mit verbindlicher Kraft für Bayern zu regeln, und daß also das für den norddeutschen Bund erlassene Gesetz vom 4. Mai 1868, die Aufhebung der polizeilichen Beschränkungen der Eheschließung betreffend, jedenfalls nicht zu denjenigen Gesetzen gehört, deren Wirksamkeit auf Bayern ausgedehnt werden könnte."

Diese Vorbehalte Bayerns hinsichtlich der Regelung der Heimats- und Niederlassungs-Verhältnisse sind durch die Reichsverfassung ausdrücklich gewährleistet worden. Auch bei Erlassung des Civil-Ehegesetzes wurde daher in den Verhandlungen des Bundesrathes und des Reichstages wiederholt anerkannt, daß dasselbe für Bayern nur die bürgerlichen (rein privatrechtlichen) Erfordernisse der Eheschließung mit verbindlicher Kraft regeln solle, daß dagegen die polizeiliche

---

[1]) Gesetz vom 2. Mai 1868, die Schließung und Trennung von Ehen der keiner anerkannten Religionsgenossenschaft angehörigen Personen betreffend.

Seite des Verehelichungswesens, wie sie in Bayern in den dermalen bestehenden desfallsigen gesetzlichen Vorschriften in Bezug auf die Heimats- und Niederlassungs-Verhältnisse geordnet ist, durch das Civilstandsgesetz in keiner Weise einen Abbruch erleiden solle.[1])

Die hienach in Kraft gebliebenen bayerisch-rechtlichen Sonderbestimmungen sind enthalten in Art. 32 bis 37 des Gesetzes vom 16. April 1868 über Heimat, Verehelichung und Aufenthalt.

Hier hat zunächst zur Sprache zu kommen Art. 33 des eben allegirten Gesetzes, welcher die Erlaubniß zur Verehelichung von der vorherigen Erholung eines Zeugnisses der zuständigen Behörde, daß gegen die beabsichtigte Eheschließung kein gesetzliches Hinderniß besteht, abhängig macht und an den Mangel dieses Zeugnisses die Ungiltigkeit der dennoch geschlossenen Ehe knüpft.

Der hierauf bezügliche Passus des Gesetzes lautet: „Eine im Widerspruch mit dieser Bestimmung (nämlich, daß vorher das oben erwähnte behördliche Zeugniß zu erholen sei) eingegangene Ehe ist so lange, als die Ausstellung jenes Zeugnisses nicht nachträglich erwirkt wird, bürgerlich ungiltig, es sei denn, daß die Ehe von einem Manne, welcher außerhalb Europa seinen Wohnsitz hat, am Ort dieses Wohnsitzes oder sonst außerhalb Bayerns abgeschlossen wurde und nach den Gesetzen dieses Staates als giltig zu erachten ist."

Wie aus den Verhandlungen des besonderen Ausschusses der Kammer der Abgeordneten über den Entwurf des in Rede stehenden Gesetzes hervorgeht, ist die ohne Erholung des behördlichen Zeugnisses erfolgte Eheschließung schlechthin deßhalb ungiltig, also selbst dann, wenn sonstige Mängel nicht vorhanden sind.

Daraus geht hervor, daß das Gesetz den Schwerpunkt in das Vorhandensein des behördlichen (districtspolizeilichen) Zeugnisses gelegt hat und der Mangel desselben als ein für sich selbst bestehendes, staatsrechtliches Erforderniß zur giltigen Eheschließung zu erachten ist.

Streitig ist, ob unter der vom Gesetze angedrohten bürgerlichen Ungiltigkeit bloß die öffentlich rechtliche (poli-

---

[1]) Vgl. Dr. Völk, Comm. z. CEG. § 39.

tische) Ungiltigkeit in Ansehung der Heimatsverhältnisse ꝛc., oder aber auch die privatrechtliche Ungiltigkeit in Ansehung des Familienstandes, der Vermögensrechte der Frau, der väterlichen Gewalt über die Kinder ꝛc., zu verstehen sei [1]).

Das Richtige dürfte sein, daß die Ungiltigkeit nach beiden Richtungen hin wirkt, da der Begriff „bürgerlich ungiltig" in dem bayer. Verehelichungsgesetze lediglich einen Gegensatz hat, nämlich die kirchliche Ungiltigkeit, und in diesem gesetzlichen Sinne gesprochen unter bürgerlichem Rechte der Inbegriff des gesammten weltlichen Rechts — des Privatrechts wie des Staatsrechts —, sonach unter bürgerlicher Giltigkeit eine Giltigkeit nach dem weltlichen Rechte, sei es nun dem Privatrechte oder dem Staatsrechte, verstanden wird.

Eine andere Frage ist, ob im Falle der Hebung des Mangels die Giltigkeit der Ehe mit dem Zeitpunkte der Beseitigung des Mangels erst zu wirken beginnt, oder aber diese Wirkung sich zurückerstreckt bis auf den Zeitpunkt des Abschlusses der hinterher erst giltig gewordenen Ehe.

Diese Frage ist aber hier, wie bei allen anderen Ehehindernissen, nach Maßgabe der im Staate geltenden Eherechte zu entscheiden.

Im Gebiete des preußischen Landrechts erstrecken sich die Wirkungen der nachträglich eingetretenen Giltigkeit einer Anfangs ungiltigen Ehe zurück auf den Zeitpunkt des thatsächlichen Eheabschlusses, ohne daß es einer Wiederholung der Eheschließungsformalien bedürfte. [2])

Nach dem für das Gebiet des bayerischen Landrechtes maßgebenden canonischen Rechte hat zwar im Allgemeinen jede Ehe erst mit dem Monate, wo sie eine giltige wird, rechtliche Wirkungen und muß, wenn das ehetrennende Hinderniß — wie das hier fragliche — ein auf der Grundlage des öffentlichen Rechtes beruhendes und offenkundiges ist, sogar die Trauung wiederholt werden; [3]) allein, ist einmal die frühere Ungiltigkeit

---

[1]) Dr. Völk, l. c.
[2]) Allg. preuß. LR. Thl. II. § 987.
[3]) Permaneder, KR. § 401.

(durch Genehmigung, Nachholung der gesetzlichen Formalien ꝛc.) beseitigt, so ist im Uebrigen auch hier „die Ehe so anzusehen, als ob sie von Anfang an giltig gewesen wäre“.[1])

Schließlich sei noch erwähnt: Wenn auch das bayerische Verehelichungsgesetz die ohne distriktspolizeiliche Erlaubniß vollzogene Eheschließung als „bürgerlich ungiltig“ erklärt, so hat es doch andrerseits nirgends vorgeschrieben, von Amtswegen auf Nichtigerklärung solcher Ehen zu dringen; es begnügt sich, ihnen die Rechtswirksamkeit auf dem Gebiete des bürgerlichen Rechts im weiteren Sinne (d. h. des Privat- und Staatsrechts im Gegensatz zum Kirchenrechte) abzusprechen. Daraus folgt, daß eine derartige Eheschließung nach dem jetzigen Stande der Gesetzgebung nicht als „nichtige“, sondern als „ungiltige“ zu erachten ist.

Doppelehe. Siehe „Bigamie“.

Drohungen, thätliche. Siehe „Thätlichkeiten“. Mündliche Drohungen siehe „Beleidigung“.

E.

Ehe.

Die Ehe ist eine zwischen Mann und Weib in gesetzlicher Weise geschlossene Verbindung zu vollständiger und dauernder Lebensgemeinschaft.

Den Gegensatz zur Ehe bildet der Concubinat. Hierunter wird eine jede nicht unter Einhaltung der für die Eheschließung bestehenden gesetzlichen Vorschriften geschlossene Verbindung zwischen Mann und Weib — wenn auch zu vollständiger und dauernder Gemeinschaft — verstanden.

Daß der Concubinat gegen das positive Recht oder gar gegen das Naturrecht laufe, läßt sich nicht behaupten; unzweifelhaft aber ist, daß derselbe der Moral, d. h. der Sitte und Ehrbarkeit, zuwider ist. Aus diesem Grunde wird der Concubinat auch in einzelnen Ländern polizeilich geahndet.

---

[1]) Richter, KR. § 276.

Aus dem Umstande, daß der Concubinat eine unter Außerachtlassung der gesetzlichen Vorschriften eingegangene Verbindung zwischen Mann und Weib ist, ergibt sich des Weiteren von selbst, daß der Mann die Concubine, die Concubine den Mann jederzeit beliebig verlassen kann, auch wenn sie sich durch privaten Vertrag für immer sollten gebunden haben und die Verbindung schon Jahre lang gedauert hat.

Nur der Ehe ist der gesetzliche Schutz gegen willkürliche Wiederaufhebung der eingegangenen Lebensgemeinschaft eingeräumt.

Daß die Ehe auf einem Vertrage beruhe, kann mit Fug nicht bestritten werden.[1]) Jedoch darf man nicht denken, als stünden hier die Bedingungen des Vertrages ebenso, wie bei anderen Verträgen lediglich in der Willkühr der Vertragschließenden.

Um der eminenten Bedeutung willen, welche die Ehe als sittliche Einrichtung für die glückliche und vernünftige Erhaltung des menschlichen Geschlechtes hat, sah sich der Staat veranlaßt, diese Vertragsspecies unter unmittelbare, schützende Aufsicht zu nehmen.

Er hat durch detaillirte gesetzliche Gebote und Verbote für die Einhaltung derjenigen natürlichen und sittlichen Schranken bei der Eheschließung gesorgt, von welchen die gedeihliche Fortentwicklung der menschlichen Gesellschaft abhängt. (Verbot der Ehe zwischen Blutsverwandten, der Polygamie u. s. w.)

Je nachdem diesen vom Staate erlassenen Geboten und Verboten bei Eingehung einer Ehe entsprochen worden ist oder nicht, werden die geschlossenen Ehen als giltig oder ungiltig oder nichtig oder endlich als „unzulässig“ bezeichnet.

Nichtig sind jene Ehen, welche an einem Mangel leiden, der auch von Amtswegen geltend gemacht werden kann. Als „ungiltig“ werden jene Ehen bezeichnet, welche mit einem Mangel behaftet sind, der nicht von Amtswegen geltend gemacht werden kann.

(Reichs-Civilprozeß § 592).

Zur Anfechtung von Amtswegen berechtigen jene

[1]) Vgl. Kreittmayr, Anm. z. bayer. LR Thl. I. c. 6. § 1.

Ungiltigkeitsgründe, welche im öffentlichen Interesse, um die Ehe bei ihrem Begriffe und ihrer Reinheit zu erhalten, eingeführt sind („öffentlich rechtliche Ehehindernisse“); jene Ungiltigkeitsgründe dagegen, welche aus Rücksicht auf das besondere Interesse der Betheiligten eingeführt sind (privatrechtliche Ehehindernisse), geben nur diesen, nicht auch dem Staat, das Recht der Anfechtung des Ehebestandes.

Ehen, welche zwar vom Gesetze verboten sind, deren Bestand aber, wenn sie trotz des Verbotes abgeschlossen worden sind, weder durch eine Nichtigkeitsklage noch durch eine Ungiltigkeitsklage angefochten werden kann, werden als „unzulässig“ bezeichnet.

(Civil-Ehegesetz § 37 ff.)

Diese begrifflichen Bezeichnungen entsprechen dem jetzigen Stande der Gesetzgebung auf dem Gebiete des Eherechts.

Als Civil-Ehe (bürgerliche Ehe) wird die Ehe, wie sie in Deutschland seit der Einführung des Gesetzes vom 6. Februar 1875 über die Erfordernisse der Eheschließung besteht, um deswillen bezeichnet, weil der Staat (das Reich) durch das eben erwähnte Gesetz unter Aufstellung des Princips, die Ehe und das Eherecht seien Bestandtheile des bürgerlichen (weltlichen) Rechts, für sich die Befugniß in Anspruch genommen hat, das Ehewesen durch von ihm aus eigener Machtvollkommenheit erlassene Gesetze zu regeln und die Ehen nunmehr nach diesen staatsgesetzlichen Normen, nicht mehr nach kirchlichen Satzungen geschlossen werden.

Ehebruch als Ehehinderniß.

Die Ehe ist verboten zwischen einem wegen Ehebruches Geschiedenen und seinem Mischuldigen.[1]) Dispensation ist zulässig.[1])

Die Folge einer ohne Dispensation geschlossenen Ehe zwischen einer wegen Ehebruchs geschiedenen Person und deren Mitschuldigen ist nach dem im Gebiete des bayer. Landrechts in Betracht kommenden canonischen und gemeinen protestantischen Rechte, wie auch nach preuß.

---

[1]) CEG. § 33 Z. 5.

Landrechte Nichtigkeit der eingegangenen ehelichen Verbindung.[1])

Ehebruch als Ehescheidungsgrund.

Wegen Ehebruches, d. h. wegen Verletzung der ehelichen Treue, kann nach dem jetzigen Standpunkte der Gesetzgebung durchweg der beleidigte Ehetheil die Trennung der Ehe dem Bande nach verlangen und zwar sowohl, wenn die Treueverletzung durch wirklichen Ehebruch geschah, als auch, wenn solche Handlungen begangen wurden, welche die dringende Vermuthung entstehen lassen, daß der beklagte Theil die Ehe wirklich gebrochen habe.

Nach dem Eherecht der Protestanten war dieß bisher schon der Fall gewesen;[2]) ebenso nach den Bestimmungen des preuß. Landrechts.[3])

Bezüglich der im Gebiete des bayer. Landrechts wohnenden Katholiken kommt zn bemerken, daß nach canonischem Rechte und bayer. Landrechte[4]) der Ehebruch den beleidigten Theil berechtigte, lebenslängliche Scheidung von Tisch und Bett zu verlangen, was seit Einführung des Reichsgesetzes vom 6. Februar 1875 über Personenstand und Eheschließung gleichfalls zur Trennung der Ehe dem Bande nach (d. h. mit der Folge, daß der Geschiedene eine neue Ehe abschließen darf) führt, indem dieses Gesetz bestimmt,[5]) daß in den Fällen, wo nach dem anzuwendenden Eherechte auf lebenslängliche Scheidung zu erkennen wäre, die Ehe dem Bande nach aufzulösen ist.

Der dringende Verdacht des Ehebruchs wurde dem Ehebruche selbst gleichgestellt, mit Rücksicht darauf, daß ein Ehebruch, wenn er nicht zugestanden ist, selten direkt bewiesen werden kann, sondern meist nur Handlungen erweislich sind, welche auf das Vorhandensein eines wirklichen Ehebruches unzweifelhaft schließen lassen. Spezielle Normen darüber, unter welchen Umständen dringen-

---

[1]) Richter, KR. § 274 u. 281; bayer. LR. Thl. I. Kap. 6 § 8; allg. pr. LR. Thl. II. Tit. 1. §§ 25—29. § 937.

[2]) Richter, KR. Buch V. Kap. IV. § 283.

[3]) Allg. preuß. LR. Thl. II. Tit. 1. §§ 670—677.

[4]) Richter, KR. Buch V. Kap. IV. § 282; bayer. LR. Thl. I. Kap. 6. § 42.

[5]) RCEG. § 77.

der Verdacht des Ehebruches als gegeben anzunehmen ist, lassen sich nicht aufstellen; es muß hier das vernünftige Ermessen des Gerichtes entscheiden.

(Vrgl. „Unerlaubter Umgang“.)

Zur Begründung des Klagerechts wegen Ehebruches reicht es nicht hin, ganz allgemein den anderen Ehetheil zu beschuldigen, daß er Ehebruch verübt habe. Es muß vielmehr eine bestimmte Ehebruchsthatsache oder eine bestimmte Ehebruchsverdachtsthatsache unter Bezeichnung von Ort und Zeit des Ehebruches angegeben werden, wenn auch letztere (die Zeitangabe) gerade nicht eine auf den Tag und die Stunde genaue zu sein braucht. Genügend ist es, wenn Ort und Zeit so deutlich bezeichnet sind, daß der Beklagte über das vermeinte Verschulden nicht im Zweifel sein kann, sohin in der Lage ist, sich zu vertheidigen.[1])

Den dringenden Verdacht des Ehebruches begründen insbesondere: nächtliche Zusammenkünfte eines Ehetheils mit einer anderen, geschlechtlich verschiedenen Person an entlegenen Orten, Zusammenverweilen mit einer anderen, geschlechlich verschiedenen Person in abgeschlossenen Zimmern, Schlafzimmer, namentlich bei Nacht u. s. w.

Dem Ehebruche werden gleichgestellt die Sodomie und andere unnatürliche Fleischesvergehungen.

(Siehe hierüber: „Sodomie“ und „widernatürliche Wollust“.)

Die Strafen für den Ehebruch sind theils allgemeine (siehe: „Ehescheidungsstrafen“), theils besondere. Zu letzteren gehört das Verbot der Ehe zwischen dem wegen Ehebruchs Geschiedenen und seinem Mitschuldigen (siehe: „Ehebruch als Ehehinderniß“), dann das Recht des Unschuldigen, auf die criminelle Bestrafung des schuldigen Theils und seines Mitschuldigen anzutragen. Das Reichs-Strafgesetzbuch hat den Ehebruch mit Gefängniß bedroht.[2])

---

[1]) Z. B. wenn behauptet wird, der Beklagte habe im Sommer des Jahres 1880 in Berlin ein Bordell besucht und dort die eheliche Treue gebrochen.

[2]) RStGB. § 172.

Nicht jeder Ehebruch berechtigt zur Klage auf Scheidung und zu dem Antrage auf strafrechtliche Verfolgung des Schuldigen und Mitschuldigen. Es kann nämlich

1) derjenige Ehetheil nicht Klage wegen Ehebruches stellen, welcher selbst den anderen Ehetheil zur Begehung des Ehebruches angestiftet hat oder wenigstens selbst zur That Vorschub geleistet hat.[1])

Dieß ist z. B. der Fall bei Eheleuten, welche im gegenseitigen Einverständnisse aus der Prostitution Nutzen ziehen.

2) Eine Frau, welche genothzüchtigt wurde, kann nicht wegen Ehebruches belangt werden;[2]) ebensowenig

3) eine Frau, welche im Zustande vollständiger Bewußtlosigkeit geschlechtlich von einem anderen als ihrem Manne gebraucht wird.[3])

Auch beim Vorliegen eines schuldbaren Ehebruches kann gleichwohl Abweisung der Klage erfolgen. Dieß geschieht,

1) wenn die Ehegatten gegenseitig die eheliche Treue verletzt haben, in welchem Falle compensirt wird[4]) (siehe „Compensation"),

2) wenn der begangene Ehebruch, sei es ausdrücklich oder stillschweigend, von Seiten des beleidigten Gatten verziehen worden ist.[5])

Als stillschweigende Verzeihung wird nach canonischem Rechte und gemeinem protestantischen Eherechte der Vollzug des ehelichen Beischlafes nach erlangter überzeugender Kenntniß des geschehenen Treubruches erachtet.

---

[1]) Richter, KR. Buch V. Kap. IV. § 282 ff. Seuffert's Archiv VII. 268.

[2]) Dieß ist selbstverständliche Folge der durch den Zwang aufgehobenen Willensfreiheit der Genöthigten.

[3]) Das Landgericht München I. ging in einem Urtheile (Bernhard gegen Bernhard, Jahrg. 1877) soweit, einen imputablen Ehebruch darin nicht zu erblicken, daß die Frau, welche sich vorher schuldhafter Weise bis zur Bewußtlosigkeit besäuft hatte, in ihrem bewußtlosen Zustande sich geschlechtlich gebrauchen ließ; eine Praxis, welche bedenklich erscheint.

[4]) Die für das preuß. LR. bestehende theilweise Einschränkung des Grundsatzes der Compensation in Ansehung der des Ehebruches gleich ihrem Manne schuldigen Frau — siehe oben „Compensation".

[5]) Richter, KR. Buch V. Kap. IV. § 282 ff; preuß. LR. Thl. II. Tit. I. § 720 ff.

Hievon abweichend erblickt das preuß. Landrecht eine stillschweigende Verzeihung in der bloßen Leistung der ehelichen Pflicht nicht,[1]) sondern erklärt stillschweigende Verzeihung nur dann als gegeben, wenn der verletzte Ehegatte trotz erlangter Kenntniß des Treubruches die Ehe ein Jahr lang ohne zu klagen fortsetzt.

Ehegerichte.

Die frühere kirchliche Gerichtsbarkeit in Ehesachen ist gänzlich aufgehoben. Nach dem Reichs-Gerichtsverfassungsgesetze[2]) und der Reichs-Civilprozeßordnung[3]) sind die Ehesachen — welche im Allgemeinen schon durch das Civil-Ehegesetz den bürgerlichen (weltlichen) Gerichten überwiesen worden sind[4]) — nun ausdrücklich den „Landgerichten" zur Verbescheidung zugewiesen.

Ehegesetzgebung.

Die Befugniß, in Bezug auf die Ehe allgemein verbindliche Rechtsnormen (Gesetze) zu erlassen, nimmt nunmehr — im Gegensatze zur früheren Zeit — ausschließend der Staat für sich in Anspruch. Das Princip, daß die Ehe und das Eherecht Einrichtungen des bürgerlichen Rechtes sind, welches in Preußen bereits seit Einführung des allgemeinen preuß. Landrechts zum Durchbruch gelangte, ist durch das Gesetz vom 6. Febr. 1875 über die Beurkundung des Personenstandes und die Eheschließung für das ganze Gebiet des deutschen Reiches sanctionirt worden.

Nur eine ausnahmsweise Fortdauer ist den kirchlichen Satzungen für gewisse Fälle vorderhand eingeräumt worden.

(Siehe oben: „Canonisches Recht".)

Ehehindernisse.

Eine Ehe kann Jeder schließen, der die vom Gesetze verlangten Fähigkeiten hiezu besitzt. Der Mangel einer vom Gesetze vorausgesetzten Fähigkeit wird als „Ehehinderniß" bezeichnet.

---

1) Preuß. LR. l. c. § 722.
2) GVG. § 70.
3) RCPO. §§ 12. 13. 17. 568.
4) Ges. über die Eheschließung vom 6. Febr. 1875 § 76.

Der Mangel der Fähigkeit zur Eheschließung (das Ehehinderniß) beruht entweder auf einem Umstande, welcher nach dem Gesetze den Rechtsbestand der Ehe ganz ausschließt, oder auf einem Umstande, welcher zeitlich den Abschluß einer Ehe verbietet, die trotzdem abgeschlossene Ehe aber in ihrer Giltigkeit beläßt. Im ersteren Falle spricht man von trennenden, im letzteren von aufschiebenden Hindernissen.

Die trennenden sowohl als die aufschiebenden Hindernisse beruhen entweder auf der Grundlage des öffentlichen Rechts und der Moral und sind diesen Falles von Amtswegen zu berücksichtigen; oder auf dem besonderen Rechte der Eheschließenden oder eines Dritten; letzteren Falles wird ihre Wirksamkeit durch den Verzicht des zur Rüge derselben Berechtigten aufgehoben.

Ein Ehehinderniß kann ferner so geartet sein, daß es die Ehe nur mit bestimmten Personen ausschließt, oder aber so, daß es jeder Eheschließung entgegen steht; im ersteren Falle heißt das Hinderniß ein relatives, im letzteren ein absolutes. Die Lehre von den Ehehindernissen (Eheverboten) fällt zusammen mit der Lehre von den materiellen Erfordernissen einer giltigen Ehe.

Das Reichsgesetz vom 6. Februar 1875 hat die Erfordernisse der Eheschließung für das Gebiet des deutschen Reiches einheitlich geregelt und zwar unter der ausdrücklichen Bestimmung, daß alle Vorschriften, welche das Recht der Eheschließung weiter beschränken, als es durch dieses Gesetz geschieht, aufgehoben werden.[1])

Die hienach geltenden Ehehindernisse sind:

1) Der Mangel der wahren und freien Willensbestimmung. (Näheres siehe unter „Betrug", Zwang und Irrthum, dann unter „Einwilligung");
2) der Mangel der Ehemündigkeit (siehe „Ehemündigkeit);
3) der Mangel des elterlichen und bezw. vormundschaftlichen Consenses (Zustimmung) zur Eheschließung (siehe „Elterliche Zustimmung");

---

[1]) CEG. § 39.

4) das Hinderniß der Blutsverwandtschaft (siehe „Blutsverwandtschaft“);
5) das Hinderniß der gesetzlichen Verwandtschaft (siehe Annahme an Kindesstatt“);
6) das Hinderniß der Schwägerschaft (siehe „Schwägerschaft“);
7) das Hinderniß des Ehebruchs (siehe „Ehebruch als Ehehinderniß“);
8) das Hinderniß der bereits bestehenden Ehe (siehe „Bigamie“);
9) das Hinderniß der „Wartezeit“ (siehe „Wartezeit.[1])

Als abgeschafft müssen zufolge der Bestimmung des § 39 des Gesetzes vom 6. Februar 1875 über die Eheschließung gelten:

a) von den trennenden Ehehindernissen des canonischen Eherechts
1) das Ehehinderniß der Nichterfüllung einer ausdrücklich gesetzten Suspensivbedingung;
2) das Eheverbot aus der abgelegten Ordensprofeß (votum solemne),
3) aus dem Empfang der höheren Weihen (ordo sacer),
4) das Hinderniß der Religionsverschiedenheit,
5) das Hinderniß der geistlichen Verwandtschaft und
6) der geistlichen Schwägerschaft (Quasiaffinitas);
7) das Hinderniß der öffentlichen Wohlanständigkeit (imped. publicae honestatis);
8) anlangend das Hinderniß der „formlosen Ehe“ (impedimentum clandestinitatis), so ist dasselbe nicht so fast aufgehoben, als in der durch das Wesen der Civilehe bedingten Weise umgestaltet worden (siehe „Eheschließung“, Form derselben);
9) das Verbot der Ehe der Militärpersonen ohne dienstliche Bewilligung;
10) das Verbot der Ehe wegen Ungleichheit des Standes;
11) das Verbot der Ehe des Vormundes (oder seiner Kinder) mit seinem Mündel;

---

[1]) l. c. § 28 bis mit 36.

b) Von den aufschiebenden Ehehindernissen sind aufgehoben:

1) das Verbot der Eheschließung während der sogenannten heiligen oder geschlossenen Zeit, nämlich während der Advent- und Fastenzeit;
2) das Verbot der Ehe wegen entgegenstehenden einfachen Gelübdes der Keuschheit;
3) das Verbot der Ehe wegen bestehenden Verlöbnisses mit einer anderen Person,
4) das Verbot der Eheschließung vor erfolgter dreimaliger (kirchlicher) Verkündigung;
5) die 6wöchentliche Wartezeit der Wittwer;
6) das Verbot der Ehe vor erfolgter Abfindung einer Einspruch erhebenden, unter dem Versprechen der Ehe Geschwängerten.

Ehejurisdiktion. Siehe „Ehegerichte".

Eheliche Pflicht.

Unter ehelicher Pflicht versteht man den Vollzug des Beischlafes zwischen Eheleuten.

Was die Wirkungen der Leistung oder Nichtleistung der ehelichen Pflicht betrifft, siehe: „Beischlaf", „Ehebruch als Scheidungsgrund" (am Ende), „Versagung der ehelichen Pflicht", „Verzeihung".

Ehelosigkeit der Geistlichen. Siehe „Cölibat".

Ehemündigkeit.

Zur giltigen Eheschließung wird erfordert, daß die Eheschließenden im Alter der Ehemündigkeit sind.[1])

Die Ehemündigkeit des männlichen Geschlechtes tritt mit dem vollendeten zwanzigsten Lebensjahre, jene des weiblichen Geschlechts mit dem vollendeten sechzehnten Lebensjahre ein.

Dispens ist zulässig.

Hat einer der Ehegatten das gesetzlich geforderte Alter nicht und ist auch Dispens nicht erholt worden, so ist die Ehe im Gebiete des bayer. Landrechts nichtig, da Nichtehemündigkeit nach canonischem und gemeinem

---

[1]) CEG. § 28 Abs. 2.

Eherechte der Protestanten zu den öffentlich rechtlichen trennenden Ehehindernissen zählt. [1])

Im Gebiete des preußischen Landrechts erscheint eine solche Ehe nur als ungiltig und wird giltig, wenn die Ungiltigkeit nicht binnen 6 Monaten nach Eintritt der Ehemündigkeit geltend gemacht wird. [2])

Hat sich (im Gebiete des preußischen Landrechts) ein weder unter väterlicher Gewalt noch unter Vormundschaft stehender Eheunmündiger verheirathet, so ist ihm von Amtswegen ein Vormund zu bestellen. Letzterer hat nach Anweisung des Vormundschaftsgerichts die Ungiltigkeitsklage zu erheben, wenn der Mündel die Ehe nicht fortsetzen will oder wenn die Fortsetzung der Ehe dem Mündel nachtheilig ist.

Klageberechtigt sind der Vater und bezw. der Vormund. [3])

Ehenichtigkeit.

Ehenichtigkeit ist gegeben, wenn es einer abgeschlossenen Ehe an einem solchen gesetzlichen Erfordernisse ermangelt, dessen Mangel nicht blos von den Ehegatten oder Dritten (Eltern, Vormündern), sondern auch von Amtswegen geltend gemacht werden kann; ebenso, wenn die Ehe einem solchen gesetzlichen Verbote zuwider abgeschlossen wurde, dessen Nichtbeachtung nicht blos von Privaten, sondern auch von Amtswegen gerügt werden kann.

Ehenichtigkeits-Gründe:

Die einzelnen Gründe der Nichtigkeit einer Ehe sind die Nichtbeachtung

1) des Ehehindernisses der Blutsverwandtschaft und der Schwägerschaft;
2) des Ehehindernisses der bereits bestehenden Ehe (Bigamie); [4])

---

[1]) Bayer. LR. Thl. I. Cap. 6. § 10. Richter, KR. § 270 Permaneder, KR. § 384.

[2]) Allg. preuß. LR. Thl. II. Tit. 1. § 37, 970.

[3]) Allg. preuß. LR. l. c. § 990 ff.

[4]) Eine Ausnahme begründet die unverschuldete Bigamie, die im preuß. LR. nur Ungiltigkeit der Ehe mit sich bringt.

3) des Ehehindernisses, welches besteht für die wegen eines Ehebruches geschiedene Person für ihren Mitschuldigen;

4) des Mangels der Ehemündigkeit.[1])

Näheres siehe „Blutsverwandtschaft", „Schwägerschaft", „Bigamie", „Ehebruch" und „Ehemündigkeit".

Ehesachen.

Unter Ehesachen sind nach der Reichs-Civilprozeßordnung Rechtsstreitigkeiten zu verstehen, welche die Trennung, Ungiltigkeit oder Nichtigkeit einer Ehe oder die Herstellung des ehelichen Lebens zum Gegenstande haben.[2])

Ehescheidung.

Die Fälle, in denen eine Ehe wegen eines von Anfang an vorhanden gewesenen Mangels als ungiltig oder als nichtig zu erklären ist, sind nicht die einzig möglichen Fälle der Wiederaufhebung ehelichen Zusammenlebens. Es können auch Ehen, welche in vollkommen giltiger Weise abgeschlossen worden sind, um eines erst im Verlaufe des ehelichen Zusammenlebens entstandenen Grundes willen auf Antrag gerichtlich getrennt werden.

Die gerichtliche Trennung einer giltigen Ehe aus einem erst nach dem Eheabschlusse eingetretenen Grunde wird Ehescheidung genannt.

Ehescheidungsgründe.

Diese sind verschieden je nach dem zur Anwendung kommenden Rechte.

Am weitesten geht das preuß. Landrecht. Für jene bayerischen Staatsangehörigen, welche im Gebiete des preuß. Landrechtes leben, gibt es folgende Gründe, die Scheidung einer Ehe zu begehren:

1) Ehebruch, Sodomiterei und andere unnatürliche Laster, Fortsetzung eines gerichtlich untersagten verdächtigen Umgangs;

2) bösliche Verlassung;

---

[1]) Die Nichtbeachtung des Mangels der Ehemündigkeit macht nur nach bayer. LR. und demzufolge nach dem canonischen Rechte die Ehe nichtig. Im Gebiete des preuß. LR. erscheint eine unter Mißachtung dieses Mangels geschlossene Ehe blos als ungiltig.

[2]) CPO. § 568.

3) fortdauernde Versagung der ehelichen Pflicht (des ehelichen Beischlafes);
4) Unvermögen oder Unfähigkeit zur Vollziehung des Beischlafes;
5) Raserei und Wahnsinn, wenn sie über ein Jahr ohne wahrscheinliche Hoffnung zur Besserung fortdauern;
6) Nachstellungen nach dem Leben, lebens- oder gesundheitsgefährdende Thätlichkeiten (z. B. gefährliche thätliche Drohungen), grobe, widerrechtliche Kränkungen der Ehre oder der persönlichen Freiheit;
7) mündliche Beleidigungen, mündliche Drohungen und geringe Thätlichkeiten bei Ehen zwischen Personen mittleren und höheren Standes;
8) Unverträglichkeit und Zanksucht, wenn selbe so hochgradig sind, daß sie das Leben oder die Gesundheit des unschuldigen Theiles beeinträchtigen;
9) grobe Verbrechen eines Ehegatten, fälschliche Beschuldigung des Ehegatten wegen eines groben Verbrechens, vorsätzliche Gefährdung der Ehre, des Amtes oder Gewerbes des Ehegatten;
10) unordentliche Lebensart (Trunkenheit, Verschwendung, unordentliche Wirthschaft);
11) Versagung des Unterhaltes;
12) unüberwindliche Abneigung.

Die meisten dieser eben aufgeführten Ehescheidungsgründe sind auch dem gemeinen protestantischen Eherechte, wenn auch unter manchen Einschränkungen, eigen und stehen daher den im Geltungsbereiche des bayer. Landrechts wohnenden Protestanten und Dissidenten zur Seite. Näheres hierüber bei der Darstellung der einzelnen Fälle. Bezüglich der Juden siehe unten: „Mosaisches Eherecht“.

Am strengsten ist das canonische Recht, welches für die im Gebiete des bayer. Landrechts wohnenden Katholiken maßgebend ist. Dieses Recht läßt lediglich „eine beständige Trennung der Eheleute von Tisch und Bett“ in den Fällen des Ehebruches, welchem Sodomie und andere unnatürliche fleischliche Vergehen gleich erachtet werden, zu; in allen anderen Fällen gestattet es nur entweder zeitweilige Absonderung von Tisch und Bett, deren Dauer dem Ermessen des Gerichtes anheim gegeben ist, oder Absonderung auf unbestimmte Zeit, d. h. so lange als die Trennungsursache dauert.

In denjenigen Fällen, in welchen, wie eben erwähnt, das canonische Recht beständige Trennung von Tisch und Bett zuläßt, ist zufolge hier ausnahmsweise in das Ehescheidungsrecht eingreifender ausdrücklicher Bestimmung des Reichs-Civilehegesetzes von den Gerichten auf Trennung auch der katholischen Ehe dem Bande nach zu erkennen.[1])

Ehescheidungsstrafen.

Die Auflösung der Ehe durch die Scheidung, Ungiltigkeits- oder Nichtigkeits-Erklärung hebt auch das bisher zwischen den Ehegatten bestandene Rechtsverhältniß in Ansehung ihres Vermögens auf.

Die Abtheilung des Vermögens erfolgt im Allgemeinen — wie bei Auflösung der Ehe durch den Tod des einen Ehegatten — nach Maßgabe des Güterrechts-Systemes, nach welchem die Eheleute gelebt haben.

Abweichungen finden statt, wenn eine Ehe getrennt und hiebei einer der Ehetheile für den allein oder doch überwiegend schuldigen Theil erklärt wird. In solchem Falle treffen den schuldigen Theil nach allen Gesetzgebungen bei der Vermögensabtheilung gewisse Nachtheile, die als „Abfindung des unschuldigen Theiles" oder nach einem allgemein üblichen Ausdrucke als „Ehescheidungs-Strafen" in Ansehung des schuldigen Theiles bezeichnet zu werden pflegen.

Dieselben werden nicht von Amtswegen ausgesprochen, sondern nur auf Antrag des unschuldigen Theiles. Sie greifen in allen Fällen der Trennung einer Ehe — nicht etwa blos im Falle der Ehescheidung wegen Ehebruches — Platz, sobald zugleich das Verschulden des einen Ehetheils mit ausgesprochen ist.

Nach dem gemeinen Rechte besteht die Vermögensstrafe des an der Scheidung schuldigen Theiles darin, daß das eingebrachte Heirathsgut und die Widerlage (die dos und contrados donatio propter nuptias) an den unschuldigen Theil fällt, und daß, wenn ein

---

[1]) CEG. § 77.

Heirathsgut und eine Widerlage nicht vorhanden sind, an deren Stelle der Verlust des vierten Theiles des ganzen Vermögens des Schuldigen tritt.

Das bayer. Landrecht schließt sich im Wesentlichen dem gemeinen Rechte an; es bestimmt unter Ausscheidung der einzelnen möglichen Fälle:

1) Wenn eine Ehe aus Verschulden des Mannes geschieden wird, so nimmt die Frau alles zu sich, was ihr auf den Fall, wenn der Mann vor ihr gestorben wäre, von Vertrags- („Geding") oder Rechtswegen gebührt hätte; außerdem fällt ihr die Widerlage zu oder, wenn keine solche bedungen ist, ein gleicher Kindestheil, oder, wenn Kinder nicht vorhanden sind, der vierte Theil von des Mannes ganzem Vermögen, wie sich solches zur Zeit der Scheidung vorfindet; was sie ihm ferner letztwillig etwa zugedacht hat, wird dadurch aufgehoben.

2) Trägt aber die Ehefrau Schuld an der Scheidung, so verliert sie nicht nur Heirathsgut und Morgengabe sammt ihrem Antheil von der Errungenschaft, sondern auch was ihr vom Manne sowohl vor, als während der Ehe geschenkt oder letztwillig zugewendet worden; all' dieß wird sofort Eigenthum des Mannes. Ist kein Heirathsgut bestellt worden, so erhält der Mann statt dessen von dem Vermögen der Frau denselben Theil zu Eigenthum, welchen sie entgegengesetzten Falles von seinem Vermögen zu beanspruchen hat, d. h. ein Viertel ihres Vermögens. Abgesehen davon bleibt ihm ungeachtet der Scheidung die Verwaltung und Nutznießung des Paraphernal-Vermögens auf Lebensdauer der Frau; dagegen hat er die Frau zu alimentiren, außer wenn ihr Receptiz-Vermögen zu ihrem Unterhalt hinreicht.[1])

Das bayer. Landrecht dehnt die Ehescheidungsstrafen auch auf die Fälle der Ehe-Nichtigkeits- oder Ungiltigkeits-Erklärung aus, soferne einer der Ehetheile um das die Nichtigkeit oder Ungiltigkeit im Gefolge habende Ehehinderniß gewußt hat.

---

[1]) Bayer. LR. Thl. I. c. 6. § 43.

Auch in diesen Fällen wird der unschuldige Theil mit einem gleichen Kindstheil oder, wenn keine Kinder vorhanden sind, mit dem vierten Theile des Vermögens des schuldigen Theils abgefunden.[1])

Sind bei ungiltigen oder nichtigen Ehen beide Theile im bösen Glauben gewesen, so fällt das Heirathsgut, die Widerlage und die Morgengabe nebst den gegenseitigen Schenkungen der Eheleute oder, wenn kein Heirathsgut bedungen ist, der vierte Theil des gesammten beiderseitigen Vermögens der Ehegatten dem Fiskus anheim.[2])

Nach preußischem Landrecht besteht die Abfindung des unschuldigen Theils in dem vierten Theile des Vermögens des Schuldigen, falls die Ehe wegen grober Pflichtverletzungen geschieden wurde, und in dem sechsten Theile des Vermögens des Schuldigen, falls die Scheidung wegen geringerer Pflichtwidrigkeiten erfolgte.[3])

Auch das preußische Landrecht dehnt die Ehescheidungsstrafen auf die Fälle der Ehenichtigkeits- und Eheungiltigkeits-Erklärungen aus, soferne ein Theil den anderen durch Verschweigung oder Verheimlichung eines Ehehindernisses oder sonst durch betrügliche Vorspiegelungen zur Schließung einer nichtigen Ehe verleitet hat. Zur Bestimmung der Abfindung dienen hiebei die Ehescheidungsstrafen als Maßstab, doch muß in der Regel auf den höchsten Satz der Ehescheidungsstrafen erkannt werden, d. h. also auf den Verlust des vierten Theiles des Vermögens des Schuldigen.[4])

Statt der Abfindung kann die unschuldige Frau lebenslängliche standesgemäße Verpflegung nach Verhältniß des Gewerbes oder der sonstigen Einkünfte des Mannes fordern, wobei die zur Zeit der Scheidung stattfindenden Verhältnisse maßgebend sind.[5])

Abgesehen von der eigentlichen Abfindung des unschuldigen Theiles trifft das preußische Landrecht bei der Vermögensauseinandersetzung im Falle einer Ehetrennung noch eine Reihe dem schuldigen Theile

---

[1]) l. c. § 44.
[2]) l. c. § 44.
[3]) Allg. preuß. LR. Thl. II. Tit. 1. § 783 ff.
[4]) Allg. preuß. LR. Thl. II. Tit. 1. § 963 mit 965, 974.
[5]) l. c § 788 ff.

nachtheiliger Bestimmungen. Hierüber siehe „Vermögensauseinandersetzung“.

Ehe-Ungiltigkeit.

Ist eine Ehe mit einem Mangel behaftet, welcher zwar nicht von Amtswegen (durch die Staatsanwaltschaft), sondern nur durch die Eheleute selbst oder durch dritte Private klageweise geltend werden kann, welcher aber, wenn er geltend gemacht wird, den Rechtsbestand der Ehe zerstört, so liegt Ehe-Ungiltigkeit vor.

Ehe-Ungiltigkeitsgründe.

Die Ungiltigkeitsgründe sind:

1) Mangel der freien Einwilligung beider Theile;
2) Mangel des erforderlichen Consenses (der Eltern oder des Vormundes);
3) Mangel der Ehemündigkeit;[1]
4) Heirath zwischen Personen, deren eine die andere an Kindesstatt angenommen hat, während der Dauer dieses Verhältnisses.
5) Unverschuldete Bigamie.[2]

Ueber Aufhebung der Ungiltigkeit der Ehe siehe unter Genehmigung.

Eheverbote. Siehe „Ehehindernisse“.

Ehrennachstellungen.

Verläumderische Beleidigungen eines Ehegatten durch den anderen bilden nach preußischem Landrechte unter Umständen einen Ehescheidungsgrund. Personen mittleren oder höheren Standes werden nämlich auf Grund solcher Beleidigungen dann geschieden, wenn der beleidigende Ehegatte sich derselben ohne dringende Veranlassung muthwillig und wiederholt schuldig gemacht hat. Leute gemeinen Standes aber werden solcher Beleidigungen halber überhaupt nicht geschieden.[3] Das katholische Eherecht kennt diesen Scheidungsgrund nicht.[4]

---

[1] Ist Ungiltigkeitsgrund im Gebiete des preuß. LR.; nach bayer. LR. und canon. Rechte bringt dieser Mangel Nichtigkeit der Ehe mit sich.

[2] Dieß gilt nur für das preuß. LR. Für Ehen, die im Geltungsbereiche des bayer. LR. geschlossen werden, ist die Folge des, wenn auch unverschuldeten (nicht gewußten), Bestehens einer anderen Ehe immer Nichtigkeit.

[3] Allg. preuß. LR. Thl. II. 1. §§ 701, 702.

[4] Permaneder, KR. § 422.

Im gemeinen protestantischen Eherechte ist die Praxis schwankend; doch scheint es, daß die Praxis für Zulassung der Scheidung in solchen Fällen eine überwiegende ist.[1])

Eid, dessen Zuschiebung im Eheprozesse.

Schon das canonische Recht hat den Satz aufgestellt, daß die Eideszuschiebung über Thatsachen, welche die Trennung, Ungiltigkeit oder Nichtigkeit einer Ehe begründen sollen, nicht zulässig sei.[2])

Dieser Grundsatz beruht auf der Erwägung, daß der Eidesantrag als Vergleichsantrag aufgefaßt wird, also eine privatwillkürliche Abmachung über den Bestand der Ehe involvirt, welche principiell als unstatthaft erachtet werden müsse.[3])

Die Reichs-Civilprozeßordnung hat sich in diesem Punkte vollständig an die Anschauungen des canonischen Rechtes angeschlossen und demzufolge die Eideszuschiebung im Eheprozesse ganz im gleichen Umfange, wie das canonische Recht, für unstatthaft erklärt.[4])

Auf den richterlichen Eid, d. h. denjenigen Eid, welcher einer der Prozeßparteien durch das Gericht selbst auferlegt, nicht durch die Gegenpartei zugeschoben wird, hat Obiges keine Anwendung und kann dieser Eid über alle Thatsachen ohne Unterschied auferlegt werden, über welche auch im gewöhnlichen Prozesse auf Eid erkannt werden darf.

Die Eideserlassung durch die Gegenpartei ist auf Grund der schon oben angegebenen allgemeinen Gesichtspunkte als unzulässig erklärt.[5])

Einehe (Monogamie).

Der unausrottbare Trieb der sinnlichen Natur des Menschen dringt unabweisbar auf Paarung von Mann und Frau. Die menschliche Paarung nimmt auf jeder

---

[1]) Richter, KR. §§ 2, 83. Ich folgere dieß, abgesehen davon, daß Richter „Insidien" allgemein als Scheidungsgrund aufführt, aus Richter's Klage über die eingerissene Laxheit in der Behandlung der Scheidungsursachen.

[2]) Richter, KR. Buch 5. Cap. 4. § 281 ff.

[3]) Derselbe, § 281. Anm. 9.

[4]) RCPO. § 577. Abs. 2.

[5]) RCPO. § 577 Abs. 1.

höheren Stufe der gesellschaftlichen Entwicklung thatsächlich und rechtlich die Form der festen Einehe (Monogamie), d. h. der dauernden Verbindung zwischen einem Mann einerseits und einer Frau andrerseits, an.

Daß die dauernde Monogamie die einzige normale Ordnung der menschlichen Geschlechtsgemeinschaft ist, darauf weist die Natur selbst unzweideutig hin. Es ist nämlich

1) schon in den Geburten die Richtung auf ein Gleichgewicht der Geschlechter statistisch deutlich wahrnehmbar;
2) sind alle Menschen mit einer instinktmäßigen Liebe zu den von ihnen erzeugten Kindern ausgestattet, welche Liebe durch die Länge der Zeit, die zur Erziehung eines menschlichen Kindes erforderlich ist, zu einer mindestens die ganze Erziehungsperiode hindurch eminent andauernden gemacht wird und die durch die Gemeinsamkeit ihres Zieles auf Seiten des Mannes wie des Weibes — beide letzteren naturgemäß zu gemeinschaftlich fortgesetztem Hinwirken auf Erreichung ihres beiderseitigen Zieles (der liebevollen Ausbildung ihrer Kinder) führt und dadurch einer fortgesetzten Lebensgemeinschaft zwischen ihnen selbst mächtig Vorschub leistet;
3) die obenerwähnte naturgemäße gemeinsame Liebe von Mann und Weib zu ihren Kindern und deren fortdauernde gemeinsame Bethätigung gegenüber den Kindern bringt aber andrerseits auch naturnothwendig auf Seiten der Kinder eine unabweisbare Anhänglichkeit und Liebe zu beiden Eltern hervor. Hiedurch wird ein dauerndes Pietätsverhältniß begründet, das, wie man sich täglich überzeugen kann, einen festen Kitt zur Aneinanderknüpfung von Mann und Weib bildet; beide Theile, der Mann wie das Weib, fühlen sich nämlich glücklich, das gemeinsame Objekt der Liebe ihrer Kinder zu sein, und sind natürlicher Weise bemüht, dauernden Genuß dieses glücklichen Gefühles sich dadurch zu bewahren, daß sie die als die Grundlage jenes ganzen Glückes, welches die Elternliebe der Kinder und die Kinderliebe der

Eltern einflößt, erkannte und erprobte wechselseitige Bethätigung liebevoller Mühewaltungen für das Wohl der Angehörigen gemeinschaftlich fortsetzen, was naturgemäß im dauernden Familien- und Eheleben am besten erreicht zu werden vermag.

Die Einehe ist daher keineswegs eine willkürliche Satzung der religiösen Sitte und des Rechts. Sie ist ein selbstthätiger Ausfluß der natürlichen guten Eigenschaften des Menschen; sie war thatsächlich längst vorhanden, bevor „Sitte" und „Recht" feste Gestaltungen annahmen. Sitte und Recht, welche, wie ebengesagt, die monogame Ehe als einen bei Menschen auf höherer Culturstufe im Allgemeinen thatsächlich vorhandenen, natürlichen Zustand antrafen, sind nur der Festigung des Einehebandes machtvoll zu Hilfe gekommen.

Einspruch gegen Urtheile.

Gegen Versäumungsurtheile, welche in Ehestreitsachen erlassen werden, steht derjenigen Partei, gegen welche das Versäumungs-Urtheil ergeht, das Rechtsmittel des Einspruches wie in gewöhnlichen Prozessen zu.[1])

Einspruchsrechte der Heimathgemeinde.

In § 39 des Civil-Ehegesetzes ist zwar bestimmt, „daß alle Vorschriften, welche das Recht zur Eheschließung weiter beschränken, als es durch dieses Gesetz geschieht, aufgehoben werden."

Allein durch diese Bestimmung werden selbstverständlich und nach ausdrücklichen (bei den Verhandlungen des Bundesraths und des Reichstages erfolgten) Constatirungen[2]) jene durch die Reichsverfassung gewährleisteten Vorschriften nicht betroffen, welche das Recht der Eheschließung für die Angehörigen des Königreichs Bayern mit Bezug auf die Heimaths- und Niederlassungsverhältnisse weiteren Beschränkungen unterwerfen. Als solche bayerisch-rechtliche weitere Beschränkungen der Verehelichung kommen in Betracht die durch Art. 36 des Gesetzes über Heimath, Verehelichung und Aufenthalt v. 16. April 1868 der Heimathgemeinde des Mannes eingeräumten

[1]) RCPO. § 303 ff.
[2]) Vgl. Dr. Völk, Comm. zum CEG. § 39.

Einspruchsrechte. Nach diesem Artikel kann die Heimathgemeinde des Mannes Einspruch erheben:

1) wenn der Mann wegen Verbrechens oder Vergehens verurtheilt ist, und sich weder über Abbüßung noch über Nachlaß der Strafe auszuweisen vermag;
2) wenn und solange sich derselbe wegen Verbrechens oder Vergehens in Untersuchung befindet;
3) wenn derselbe in den unmittelbar vorhergehenden drei Jahren öffentliche Armenunterstützung beansprucht oder erhalten hat;
4) wenn und solange derselbe sich mit den der Gemeindekasse oder Armenkasse seiner Heimathgemeinde gegenüber ihm obliegenden Leistungen im Rückstande befindet;
5) wenn und solange derselbe unter (Vermögens-) Curatel steht.

Hat der Mann eine angewiesene Heimath, so steht der Einspruch dem Fiskalate jenes Regierungsbezirkes zu, in welchem die angewiesene Heimat liegt.

Diese Einspruchsrechte der Gemeinde haben die Natur aufschiebender Ehehindernisse, da an eine im Widerspruche mit denselben eingegangene Ehe nirgends im Gesetze die Folge der Ungiltigkeit derselben geknüpft ist.

Einstweilige Verfügungen in Ehesachen.

In Betreff einstweiliger Verfügungen, insbesondere in den Fällen, wenn ein Ehegatte die Gestattung der vorläufigen Trennung und die Entrichtung von Alimenten beantragt, kommen die für das gewöhnliche Prozeßverfahren gegebenen Bestimmungen zur Anwendung.[1]) Voraussetzung der Erlassung einer einstweiligen Verfügung ist, daß die Regelung eines einstweiligen Zustandes zur Abwendung wesentlicher Nachtheile oder zur Verhinderung drohender Gewalt,[2]) oder aus anderen Gründen nöthig erscheint.

(Vergl. auch „Alimente“ und „Permittimus“).

---

[1]) CPO. § 584, dann ebendaselbst §§ 815 bis 822.

[2]) Diese Voraussetzungen müssen namentlich beim Gesuche um das »Permittimus« gegeben sein.

Einwilligung in die Eheschließung.

Zu einer giltigen Ehe ist die Einwilligung der Eheschließenden erforderlich und zwar die persönlich erklärte Einwilligung derselben (§ 28 des CEG.).

Die ehedem erlaubt gewesene Eheabschließung durch einen Spezialbevollmächtigten ist demnach nicht mehr zulässig. Eine Ausnahme findet nur in Ansehung der Landesherren, der Mitglieder der landesherrlichen Familien und der fürstlichen Familie Hohenzollern statt; — bei diesen entscheiden die Hausgesetze und eventuell die Observanz darüber, ob eine Stellvertretung zulässig sei (§ 72 des Civil-Ehegesetzes).

Schade wäre es gerade nicht gewesen, wenn auch diese Ausnahme abgeschafft worden wäre; schon der bayerische Gesetzgeber Kreittmayer sagt von dieser Art von Eheschließung: „Man pflegt sich auf solche Weise oft zu verehelichen, ohne vorher jemals anders als durch Portraits einander gesehen zu haben, was aber auch nicht allemal die besten Wirkungen nach sich läßt."

Wahnsinnigen, Rasenden, Blödsinnigen, unmündigen Kindern, bis zur Bewußtlosigkeit Berauschten fehlt die Möglichkeit, ihre Einwilligung zu geben, da sie nach dem Gesetze keinen rechtlich in Betracht kommenden Willen besitzen, willensunfähig sind. Sie können daher keine Ehe abschließen. Selbstverständlich ist, daß die auf Irrthum beruhende, ferner die erzwungene Einwilligung zur Eheschließung in Wirklichkeit **keine Einwilligung** ist. (Siehe „Betrug", „Irrthum", „Zwang".)

Wenn nun aber eine Ehe geschlossen wurde, obwohl bei dem einen oder anderen Theile keine Einwilligung vorhanden war, so ist die Ehe ungiltig, sowohl im Gebiete des bayerischen Landrechts als des preußischen Landrechts, weil nach canonischem und gemeinem protestantischen Eherechte der Mangel des Willens zu den im privaten Interesse eingeführten, nicht von Amtswegen zu verfolgenden Ehemängeln zählt und das Gleiche nach dem preußischen Landrechte der Fall ist.[1])

---

[1]) Permaneder, KR. § 383; Allg. preuß. LR. Thl. II. Tit. 1 § 38 ff. und 971. Für das Gebiet des preuß. LR. ist obige Aufstellung nicht unbestritten. Gegentheiliger Ansicht ist Koch, Comm. zum allg.

Elterliche Einwilligung.

Eheliche Kinder bedürfen zur Eheschließung, so lange der Sohn das 25., die Tochter das 24. Lebensjahr nicht zurückgelegt hat, der Einwilligung des Vaters, nach dem Tode des Vaters der Einwilligung der Mutter und, wenn sie minderjährig sind, auch des Vormundes.[1])

Hiezu bemerkt Dr. Völk in seinem Commentar zum Reichs-Civilehegesetz: „Weicht die Ansicht der Mutter von derjenigen der Vormundschaft ab, so muß auf Ergänzung der Einwilligung des sich weigernden Theiles geklagt werden.“[2])

Dieß ist offenbar falsch; denn es steht die Ergänzungsklage nur großjährigen Kindern zu.

Das Richtige ist, daß, falls die Mutter dissentirt, sich dabei beruhigt werden muß, falls dagegen der Vormund widerstrebt, gegen denselben der Beschwerdeweg bei der Vormundschaftsbehörde offensteht.

Sind beide Eltern todt oder zur Erklärungsabgabe dauernd außer Stand oder dauernd unbekannten Aufenthalts, so bedürfen Minderjährige, soferne nach den Landesgesetzen eine Vormundschaft über sie angeordnet ist, der Einwilligung des aufgestellten Vormundes.[3])

Inwiefern die Wirksamkeit einer Vormundschaftsbehörde oder eines Familienrathes stattfindet, bestimmt sich nach Landesrecht.

Im Gebiete des bayerischen Landrechts genügt die bloße Einwilligung des Vormundes.

Im Gebiete des preußischen Landrechts kann der Vormund seine Einwilligung ohne Genehmigung des Vormundschaftsgerichts nicht ertheilen.[4])

Auf uneheliche Kinder finden die für vaterlose eheliche Kinder gegebenen Bestimmungen Anwendung.[5])

---

preuß. LR. Hiegegen hält Dernburg, preuß. Priv.-R. Bd. 3. § 13 Nr. 7 dergleichen Ehen für blos ungiltig; ebenso Peters, Ehescheidung § 34 —, jedoch mit der Modifikation, daß er die Ehe mit einem Wahnsinnigen für nichtig hält.

[1]) CEG. § 29.

[2]) Dr. Völk, Comm. z. CEG. § 32.

[3]) Bayer. LR. Thl. I. c. 6. § 4. Nr. 7.

[4]) Allg. preuß. LR. Thl. II. Tit. 1. § 54,

[5]) CEG. § 30.

Wo, — wie dieß im bayerischen und preußischen Landrechte der Fall,[1]) nach den Landesgesetzen durch Annahme an Kindesstatt die Rechte der väterlichen Gewalt begründet werden, tritt bei angenommenen Kindern an Stelle des Vaters Derjenige, welcher an Kindesstatt angenommen hat.[2])

Oben wurde schon erwähnt, daß im Falle der Versagung der Einwilligung zur Eheschließung großjährigen Kindern die Klage auf richterliche Ergänzung zustehe. Soweit es landesgesetzliche Versagungsgründe gibt, sind diese der Entscheidung des angegangenen Gerichts zu Grunde zu legen; andernfalls hat das Gericht nach freiem Ermessen zu urtheilen. Das bayerische Landrecht enthält keine deßfallsigen Bestimmungen, in diesem Rechtsgebiete entscheidet also das richterliche Ermessen.[3])

Im Gebiete des preußischen Landrechts sind die Versagungsgründe gesetzlich geregelt; in Theil II, Tit. I des allgemeinen preußischen Landrechts ist nämlich bestimmt:

§ 59. Erhebliche Gründe der Versagung der Einwilligung sind alle diejenigen, aus welchen eine vernünftige und wahrscheinliche Besorgniß, daß die künftige Ehe unglücklich und mißvergnügt sein dürfte, entspringt.

§ 60. Dahin ist besonders zu rechnen, wenn den künftigen Eheleuten das nöthige Auskommen fehlen würde.

§ 61. Oder wenn der andere Theil zu einer infamirenden oder auch nur sonst nach der gemeinen Meinung schimpflichen Strafe durch ein rechtskräftiges Criminalerkenntniß verurtheilt worden.

§ 62. Ferner, wenn derselbe der Verschwendung, Trunksucht, Liederlichkeit oder sonst einem großen Laster ergeben ist.

§ 63. Desgleichen, wenn er schon einmal geschieden und in dem Scheidungsurtheil für den schuldigen Theil erklärt wurde.

---

[1]) Bayer. LR. Thl. I. c. 5. §§ 10, 11; allg. preuß. LR. Thl. II. Tit. 1. § 47.

[2]) CEG. § 31.

[3]) Dr. Völk, Comm. z. CEG. § 32.

§ 64. Oder wenn er mit epileptischen Zufällen, der Schwindsucht, venerischen oder anderen ansteckenden Krankheiten behaftet ist.

§ 65. Endlich, wenn eine minderjährige Person des Adels oder höheren Bürgerstandes sich mit einer solchen, die zu den niedrigeren Classen gehört, verheirathen will.

§ 66. Eltern . . . versagen ihre Einwilligung mit Grund, wenn sie von dem andern Theil mit Beschimpfungen oder Thätlichkeiten gröblich beleidigt worden.

§ 67. Oder wenn die Kinder die nicht erbetene oder verweigerte Einwilligung durch heimliche Ehegelöbnisse, Entführung oder andere unerlaubte Mittel zu erzwingen gesucht haben. —

Ist eine Ehe geschlossen worden, ohne daß die erforderliche elterliche oder vormundschaftliche Einwilligung oder ein richterliches Ergänzungsurtheil erholt wurde, so ist die eingegangene eheliche Verbindung nach preußischem Landrecht und nach gemeinem protestantischen Rechte Seitens des Berechtigten (Vaters, Vormundes ꝛc.) als ungiltig anfechtbar.[1])

Nach dem für die Katholiken maßgebenden canonischen Rechte bildet der Mangel des elterlichen Consenses überhaupt kein trennendes Ehehinderniß, weßhalb eine mit diesem Mangel behaftete Ehe keine ungiltige, sondern nur eine unerlaubte und mit (Vermögens-) Strafen belegte ist.[2])

Ueber die Frage, ob minderjährige Eheleute selbstständig klagend in Ehesachen auftreten können, siehe „Minderjährige“.

Entführung.

Die Entführung oder die gewaltsame Wegführung einer Frauensperson in der Absicht, sich mit ihr ehelich zu verbinden, bildete nach canonischem und gemeinem protestantischen Eherechte ein selbstständiges trennendes, öffentlich rechtliches und daher Nichtigkeit der Ehe begründendes Ehehinderniß, welches auch im bayerischen — nicht aber im preußischen — Landrechte anerkannt ist.

---

[1]) Permaneder KR. § 377; Richter KR. § 268. Allg. preuß. LR. Thl. II. Tit. 1. §§ 946, 984.

[2]) Bayer. LR. Thl. I. c. 6. § 4. Permaneder l. c

Das Civil-Ehegesetz kennt die Entführung als selbstständiges trennendes Hinderniß der Ehe nicht. Vorkommende Fälle müssen — wie dieß im Gebiete des preußischen Landrechtes schon vor Einführung der Civilehe geschah — entweder unter die Fälle des Zwangs subsumirt werden, wenn nämlich die Entführung gegen den Willen der Entführten geschah, oder unter jene der Verletzung elterlicher Rechte, wenn die Entführung einer minderjährigen Frauensperson mit Zustimmung der Entführten, aber gegen den Willen ihrer Eltern oder Vormünder erfolgte. Wird die Entführte zur Ehe gezwungen, so kann die Ehe als ungiltig angefochten und der Entführer auf Antrag mit Gefängniß bestraft werden.

Erfordernisse der Eheschließung.

Die Lehre von den Erfordernissen der Eheschließung fällt zusammen mit der Lehre von den Ehehindernissen, deren positive Kehrseite sie ist.

Siehe „Ehehindernisse".

Erziehung der Kinder bei geschiedenen Ehen.

Das bayer. Landrecht hat über diesen Punkt specielle Bestimmungen nicht getroffen; es ist daher auf die Bestimmungen des gemeinen Rechts zurückzugreifen. Nach gemeinem Recht kann bei der Auflösung der Ehe durch Scheidung, wenn der Ehemann für den schuldigen Theil erklärt wird[1]) oder wenn nach richterlichem Ermessen das Interesse der Kinder es erfordert,[2]) die Erziehung derselben der Mutter durch richterliches Erkenntniß zugesprochen werden. In allen anderen Fällen verbleibt das Recht der Erziehung der Kinder dem Manne.

Nach preußischem Landrecht wird die Erziehung der Kinder dem unschuldigen Theile zugewiesen. Ist kein Theil als überwiegend schuldig erklärt, so bleiben die Kinder bis zum vierten Jahre in Erziehung bei der Mutter, während sie vom 4. Jahre an von dem Vater erzogen werden dürfen; doch kann die Erziehung von Töchtern überhaupt, also auch für die Zeit nach dem Eintritt derselben in das vierte Lebensjahr, der Mutter durch richterliches Erkenntniß zugesprochen werden.[3])

---

[1]) Nov. 117. c. 7. [2]) l. un. Cod. 5. 24.

[3]) Allg. preuß. LR. II. § 92 f.

F.

Falsche Beschuldigung grober Verbrechen.

Diese ist ausdrücklich als Scheidungsgrund anerkannt im preußischen Landrecht. [1])

Im Großen und Ganzen wird auch von der Praxis im gemeinen protest. Eherecht Scheidung in solchen Fällen gewährt. Die falsche Beschuldigung muß aber eine wissentlich falsche, vor dem Strafgericht bethätigte sein und in der Absicht geschehen sein, dem beschuldigten Ehegatten eine harte schmähliche Strafe zuzuziehen. [2])

Das katholische Eherecht kennt diesen Scheidungsgrund nicht. [3])

Form der Eheschließung.

Die Form der Eheschließung ist durch das Reichsgesetz vom 6. Februar 1875 geregelt. Es gilt hienach für das deutsche Reich die obligatorische Civilehe. Die Eheschließung ist ein solenner Formalakt unter Gegenwärtigen. Sie erfolgt in Gegenwart von 2 Zeugen durch die an die Verlobten einzeln und nacheinander gerichtete Frage des Standesbeamten, „ob sie erklären, daß sie die Ehe miteinander eingehen wollen," — durch die bejahende Antwort der Verlobten und den hierauf erfolgenden Ausspruch des Standesbeamten, daß er sie nunmehr Kraft des Gesetzes für rechtmäßig verbundene Eheleute erkläre. [4])

Frist.

Die Frist zur Anfechtung ungiltiger Ehen ist verschieden abgestuft, von 6 Wochen (im preußischen Landrecht in den Fällen des Zwangs, Irrthums und Betrugs) bis zu 1½ Jahren (im canonischen Rechte). Näheres hierüber siehe bei den einzelnen Fällen.

---

[1]) Allg. preuß. LR. II. 2. § 705.
[2]) Glück, Samml. Nr. 227 u. 228.
[3]) Permaneder, KR. § 422.
[4]) RG. v. 6. Febr. 1875 § 52.

Furcht als Ehehinderniß.

Die durch Androhung eines bedeutenden Uebels hervorgerufene Furcht wird — vorausgesetzt, daß der Drohende die Macht der Verwirklichung seiner Drohung, der Bedrohte aber kein Mittel der Abwehr besaß — als sogenannter compulsiver Zwang dem wirklichen absoluten Zwange gleichgeachtet und als ein Grund zur Anfechtung der Giltigkeit einer Ehe zugelassen.[1] Gleichgiltig ist, ob der moralische Zwang gegen den einen Ehetheil oder gegen beide oder gegen deren Angehörige geübt wurde.

Im Uebrigen siehe oben „Betrug", „Zwang" und „Irrthum".

Die Scheu gegenüber dem mit Nachdruck erklärten Willen der Aeltern fällt der Regel nach nicht unter den Begriff der ein Ehehinderniß bildenden Furcht. In zweifelhaften Fällen entscheidet das Ermessen des Gerichts.

G.

Gefährdende Handlungen. Siehe „Thätlichkeiten".

Geistliche Gerichtsbarkeit in Ehesachen. Siehe oben „Ehegerichte" und „Ehegesetzgebung".

Gemischte Ehen.

Unter gemischten Ehen versteht man Ehen zwischen Personen, von denen jede einer anderen Religionsgemeinschaft angehört.

Ueber das Recht, welches zur Anwendung kommt, wenn zwischen Personen, welche in einer Mischehe leben, eheliche Streitigkeiten ausgetragen werden, siehe oben „Collision der Rechte" a. E.

Genehmigung.

Die „Genehmigung" ist nicht zu verwechseln mit der „Verzeihung", mit welcher sie Aehnlichkeit hat, aber nicht identisch ist.

---

[1] Richter, KR. Buch V. Cap. IV. § 266.

Die Verzeihung ist Klagerechtsaufhebungsthatsache gegenüber Ehescheidungsgründen, die Genehmigung Klagerechtsaufhebungsthatsache gegenüber den Gründen der Anfechtung einer ungiltigen Ehe. Die Genehmigung kann eine stillschweigende und eine ausdrückliche sein.

Stillschweigende Genehmigung liegt nach canonischem und gemeinem protest. Eherecht vor, wenn der Anfechtungsberechtigte nach entdecktem Anfechtungsgrunde den ehelichen Beischlaf entweder selbst fordert oder freiwillig leistet, oder überhaupt das eheliche Zusammenleben freiwillig anderthalb Jahre lang fortsetzt. [1])

Das preußische Landrecht räumt der bloßen Thatsache des Vollzuges des Beischlafes nach entdecktem Anfechtungsgrunde die Wirkung stillschweigender Genehmigung nicht ein, läßt jedoch die ungiltige Ehe dann als stillschweigend genehmigt erscheinen, wenn der anfechtungsberechtigte Theil nach Entdeckung des Anfechtungsgrundes die Ehe noch länger als sechs Wochen fortsetzt, ohne eine Anfechtungsklage zu erheben. [2])

Gerichtsbarkeit in Ehesachen. Siehe „Ehegerichte“.

Gerichtsstand in Ehesachen.

In Ehesachen ist das Landgericht, bei welchem der Mann seinen allgemeinen Gerichtsstand hat, ausschließlich zuständig.

Gegen den Ehemann, welcher seine Frau verlassen und der seinen Aufenthalt nur im Auslande hat, kann von der Frau bei dem Landgerichte seines letzten Wohnsitzes im deutschen Reiche geklagt werden, wenn der Beklagte, als er die Klägerin verließ, ein Deutscher war. [3])

Geschwister. Siehe „Blutsverwandtschaft“.

Geständniß. Siehe „Anerkenntniß“.

Getrenntes Güterrecht. Siehe „Vermögensauseinandersetzung“.

---

[1]) Permaneder, KR. § 282.
[2]) Allg. preuß. LR. Thl. II. 1. § 721. 44 ff.
[3]) CPO. § 568.

Glaubensbekenntniß.

Der Unterschied des Glaubensbekenntnisses ist in Bezug auf Eheschließung vollständig irrelevant geworden, indem das Civil-Ehegesetz unter Aufhebung des Ehehindernisses der Religionsverschiedenheit die Ehe unter Personen jeder Religion gestattet.

(Vergl. oben „Ehehindernisse".)

Dagegen ist in Bezug auf die Frage, welches Recht bei Ehestreitigkeiten zur Anwendung zu kommen hat, das Glaubensbekenntniß von höchster Wichtigkeit. In Ehestreitigkeiten wird nämlich jede Klage (auch die Wider- oder Gegenklage) nach dem von der Religion (Confession) des Klagetheils ausgebildeten Ehrechtssysteme beurtheilt, selbstverständlich, soweit die einzelnen Bestimmungen der verschiedenen Ehrechte nicht ausdrücklich aufgehoben worden sind. Dieß ist namentlich für die Fälle der Ehescheidung von Bedeutung. So kann z. B. ein Katholik im Gebiete des bayer. Landrechts nicht auf Trennung der Ehe dem Bande nach und mit der rechtlichen Folge des Gestattetseins der Eingehung einer neuen Ehe nach durchgeführter Scheidung klagen im Falle böslicher Verlassung, unüberwindlicher Abneigung, grober Verbrechen des andern Ehegatten u. dgl., weil alle diese Gründe nach dem katholischen Eherechte, welches für die im Gebiete des bayer. Landrechts lebenden Katholiken maßgebend ist, keinen Anspruch auf wirkliche Scheidung, sondern nur auf zeitweises Getrenntleben geben. Gehört aber der Kläger der protestantischen Confession an, so wird in den oben bezeichneten sowie in einer Reihe von anderen Fällen die Ehe dem Bande nach geschieden mit der Folge, daß jeder Ehetheil eine neue Ehe eingehen kann.

Nach dem Eherechte der Katholiken findet völlige Ehetrennung nur statt im Falle des Ehebruches und (dem Ehebruche gleichgestellter) unnatürlicher Fleischeslaster — Sodomie, Päderastie u. s. w. —, und auch in diesen Fällen nur in Folge ausdrücklicher ergänzender Bestimmung des Civilehegesetzes. [1])

---

[1]) RCEG. § 77.

Diese Härte des katholischen Rechtes gibt zu häufigen Religionswechseln Anlaß, indem so mancher katholische Ehegatte, um die Möglichkeit zu erreichen, ein ihm unerträglich gewordenes Eheleben vollständig zu beseitigen, zu einer andern Religion oder Confession, namentlich zum Protestantismus, übertritt. Es ist nun die Frage, ob im Falle eines jeden Religionswechsels, welcher in der Absicht, hinterher eine Scheidungsklage mit dem Erfolge der Trennung der Ehe dem Bande nach durchzuführen, vorgenommen wird, die erhobene Ehescheidungsklage nach dem Eherechte derjenigen Religion oder Confession zu beurtheilen ist, zu welcher der Uebertritt erfolgte? Diese Frage muß durchwegs bejaht werden, soweit es sich um einen wirklichen, d. h. ernstgemeinten Religionswechsel handelt. Ist der Wechsel im Glaubensbekenntniß ernstlich gemeint, so ist es gleichgiltig, ob das Motiv hiezu die Hoffnung war, nach dem Eherechte des neuen Glaubensbekenntnisses die (nach dem Rechte der bisherigen Confession nicht mögliche) vollständige Ehetrennung erwirken zu können.

Sollte aber aus den Umständen sich ergeben, daß der Glaubenswechsel ein nur simulirter war, d. h. daß der zu einer anderen Glaubensgenossenschaft Uebertretende gar nicht im Ernste seine Religion wechseln wollte, sondern nur zum Scheine aus der bisherigen Glaubensgemeinschaft ausschied, dann wäre der faktisch erfolgte Religionswechsel rechtlich bedeutungslos und daher trotz desselben die Scheidungsklage nach dem Eherechte jener Confession zu beurtheilen, aus welcher der Klagende thatsächlich ausschied.

Grade der Verwandtschaft. Siehe „Blutsverwandtschaft“.

Grobe widerrechtliche Kränkungen. Siehe „Kränkung“.

Grobe Verbrechen. Siehe „Verbrechen“.

Großjährige. Siehe „Kinder“.

Gütergemeinschaft.
Gütertrennung. } Siehe „Vermögensauseinandersetzung“.

H.

Haustrauung.

Nach früherem Rechte geschah die Trauung regelmäßig in der Kirche. Auf Grund besonderer Erlaubniß oder auch besonderer Privilegien konnte ausnahmsweise eine Trauung in Privathäusern stattfinden.

Nach dem Civil-Ehegesetz hat die Trauung vor dem Standesbeamten stattzufinden; ob dieser auf dem standesamtlichen Bureau oder in einem Privathause den Trauungsakt vornimmt, ist gesetzlich gleichgiltig.

Heiden.

Die Ehe mit Heiden war nach früherem Rechte nichtig. Nach dem Civil-Ehegesetze ist die zwischen einem Christen und Heiden geschlossene Ehe eine vollkommen rechtsgiltige, da das Ehehinderniß des Religionsunterschiedes aufgehoben ist.

(Vgl. auch „Ehehindernisse", „Glaubensbekenntniß".)

Heiratsalter. Siehe „Ehemündigkeit".

Heirats-Consens. Siehe „Einwilligung" und „Elterliche Zustimmung".

Heiratsregister.

Zur Beurkundung der Eheschließungen (Heirathen) sind besondere Register eingeführt [1]); jeder Standesbeamte hat für seinen Bezirk ein solches zu führen. [2])

Die Eintragung in dieses Register hat zu enthalten:

1) Vor- und Familiennamen, Religion, Alter, Stand oder Gewerbe, Geburts- und Wohnort der Eheschließenden;
2) Vor- und Familiennamen, Stand oder Gewerbe und Wohnort ihrer Eltern;
3) Vor- und Familiennamen, Alter, Stand oder Gewerbe und Wohnort der zugezogenen Zeugen;
4) die Erklärung der Eheschließenden;
5) den Ausspruch des Standesbeamten. [3])

Ist eine Ehe für aufgelöst, ungiltig oder nichtig erklärt worden, so ist dieß im Heiratsregister am Rande der über die Eheschließung bewirkten Eintragung zu vermerken. [4])

---

[1]) RCEG. § 1. [2]) Ebendort § 12.
[3]) Ebendort § 54. [4]) Ebendaselbst § 55.

Herstellung des ehelichen Lebens.

In einigen Rechtsgebieten, z. B. in Baden, ist die Klage wegen böswilliger Verlassung auf den Fall der Entweichung an einen unbekannten oder dem richterlichen Arme nicht erreichbaren Ort beschränkt. In diesen Rechtsgebieten hat sich ein selbstständiges Klagerecht auf Herstellung des ehelichen Lebens entwickelt, welches in allen Fällen Platz greift, in denen der Entwichene an einem bekannten und erreichbaren Orte verweilt. Nicht so in Rechtsgebieten, in denen, wie dies in Bayern der Fall ist, jede böswillige Verlassung ohne Unterschied des Aufenthaltsortes des Entwichenen zur Scheidungsklage berechtigt. In den letzteren Rechtsgebieten erscheint die Herstellung des ehelichen Zusammenlebens nicht als Gegenstand einer selbstständigen Klage, sondern als ein Bestandtheil des Klageverfahrens bei der Scheidungsklage wegen böswilliger Verlassung, und zwar in der Form eines der eigentlichen Scheidungsklage vorausgehenden Mahnverfahrens.

(Näheres hierüber siehe unter „Rückkehrsbefehl".)

J.

Impotenz (geschlechtliches Unvermögen).

Der Mangel der Fähigkeit, den Beischlaf zu vollziehen, welcher sowohl auf Seiten des Mannes als des Weibes vorkommen kann (Impotenz), berechtigte nach dem canonischen Rechte, nach dem gemeinen protestantischen Eherechte zu dem Begehren, daß die Ehe wieder aufgehoben werde. Ein Einschreiten von Amtswegen fand nicht statt.

Die Impotenz begründete also nach diesen Rechten keine eigentliche Ehenichtigkeit, sondern nur deren Ungiltigkeit. Vorausgesetzt wurde übrigens erstens wirkliche Unfähigkeit zum Beischlafe, nicht bloße Unfähigkeit, Kinder zu erzeugen, zweitens, daß der Mangel schon vor der Eingehung der Ehe bestand, aber beiden oder doch dem einen der Ehegatten unbekannt war; drittens, daß das Unvermögen nicht heilbar war.

Es läßt sich nicht bezweifeln, daß auch jetzt noch eine Ehe wegen Impotenz des einen Ehetheils als ungiltig angefochten werden kann; denn wenn auch die civilehegesetzlichen Bestimmungen der Fähigkeit, den Beischlaf zu vollziehen, nicht als eines Erfordernisses zur giltigen Eheschließung Erwähnung thun, so lassen sich die Fälle der Impotenz, vorausgesetzt, daß der potente Ehetheil erst nach Eingehung der Ehe Kenntniß von dem Unvermögen des anderen Theiles erhält, doch unter die Fälle des Irrthums hinsichtlich einer wesentlichen Eigenschaft subsumiren. Für das gemeine protestantische Eherecht und für das preußische Landrecht wenigstens muß dies durchwegs behauptet werden.

Für das kanonische Recht könnte, — wenigstens, wenn man sich auf die buchstäbliche Anwendung der einschlägigen Bestimmungen dieses Rechts verlegen wollte — die Sache zweifelhaft erscheinen; denn vom Gesichtspunkte des Irrthums aus kann man nach kanonischem Rechte die Ehe eines Impotenten nicht für anfechtbar (ungiltig) erklären, weil der Irrthum in Bezug auf das Geschlechtsvermögen nach dem ebenerwähnten Rechte nicht als ein „wesentlicher" Irrthum aufgefaßt werden darf; das kanonisch rechtliche, selbstständige Hinderniß der „Impotenz" andrerseits ist als solches nicht mehr zu Recht bestehend. Allein nach dem Geiste des Rechts wird man wohl annehmen dürfen, daß das canonische Recht, wenn es ein selbstständiges Ehehinderniß der Impotenz aufstellte, eben damit für diesen concreten Fall neben seinen als Regel aufgestellten strengeren Voraussetzungen hinsichtlich des Begriffes und der Wirkung eines wesentlichen Irrthums eine Ausnahme statuiren wollte und daß daher das Kapitel über das Ehehinderniß der Impotenz, seiner Selbstständigkeit entkleidet und im Zusammenhalt mit der Lehre des canonischen Rechts über den Irrthum betrachtet, nichts Anderes besagen will, als: Zwar gibt der Regel nach nur ein wesentlicher Irrthum, d. h. ein Irrthum in Ansehung der Person selbst (der Identität) das Recht, die Ehe als ungiltig anzufechten; ausnahmsweise aber wird auch dem unterlaufenen Irrthum in Ansehung des Geschlechtsvermögens die gleiche Wirkung eingeräumt.

Impotenz (Unvermögen) als Ehescheidungsgrund.

Eine nach bereits erfolgter Eheschließung erst eingetretene Impotenz gibt nach canonischem und protestantischem Ehe-Rechte keinen Grund zur Anfechtung der Ehe als einer ungiltigen; nach canonischem Rechte auch nicht einmal einen Grund zur Ehescheidung.[1]) Das protestantische Eherecht[2]) und das preußische Landrecht[3]) dagegen lassen bei gänzlichem und unheilbarem Unvermögen Ehescheidungsklage zu, vorausgesetzt, daß nicht vorgeschrittenes Alter der Grund der Impotenz ist.

Irrthum.

Der Irrthum bewirkt Ungiltigkeit der Ehe, wie schon oben aus Anlaß der Abhandlung über den Betrug erörtert und belegt wurde.

Hiebei ist jedoch zu beachten, daß, was den Irrthum betrifft — das im Gebiete des bayer. Landrechtes für die Katholiken maßgebende canonische Recht nur jenen Irrthum als rechtserheblich berücksichtigt, welcher die Person des andern Ehetheils oder die bürgerliche Freiheit desselben oder eine absolut auf die Persönlichkeit zurückfallende Eigenschaft, oder eine solche zufällige Eigenschaft betrifft, deren Vorhandensein ausdrücklich bedungen wurde, wobei es dann gleichgiltig ist, ob Arglist dabei im Spiele war oder nicht.[4])

Das gemeine Eherecht der Protestanten und das preußische Landrecht gehen weiter. Sie lassen jeden Irrthum als wesentlich gelten, welcher Eigenschaften des andern Ehetheiles betrifft, die bei Schließung einer Ehe gewöhnlich vorausgesetzt werden.[5])

Nach den beiden letzteren Rechten gilt es entgegen der canonischen Lehre und Praxis beispielsweise als rechts-

---

[1]) Permaneder, KR. § 385.

[2]) Permaneder l. c.

[3]) Allg. preuß. LR. Thl. II. Tit. I. § 696. Nach diesem Rechte findet auch bei vor Eheschließung schon vorhandener Impotenz nur Scheidungsklage statt.

[4]) Permaneder, KR. § 382.

[5]) ibid. l. c.; allg. preuß. LR. II. 1. § 40.

erheblicher Irrthum, wenn Jemand eine gemüthskranke, oder eine wegen Verbrechen verurtheilte oder eine mit unheilbarer oder ekelhafter oder zum Beischlafe unfähig machender Krankheit behaftete Person oder ein Mädchen geehelicht hat, welches schon vor seiner Verheirathung den Beischlaf mit einer andern Mannsperson pflog und dies ihrem nachherigen Ehemanne verheimlichte, wobei es ganz gleich ist, ob eine Schwängerung erfolgte oder nicht.

Die anfänglich ungiltige Ehe wird zur giltigen durch Beseitigung des Mangels der freien Einwilligung. Dies geschieht durch spätere ausdrückliche oder stillschweigende Genehmigung der Ehe durch den im Irrthum befindlich gewesenen Ehetheil. [1])

Stillschweigende Genehmigung wird nach bayerischem Landrecht, canonischem und gemeinem protestantischen Eherechte angenommen, wenn der im Irrthum befindliche Theil nach entdecktem Irrthume den ehelichen Beischlaf entweder selbst fordert oder, soferne er verlangt wird, freiwillig, d. h. ohne hiezu genöthigt worden zu sein, gestattet, — oder überhaupt das eheliche Zusammenleben freiwillig anderthalb Jahre lang fortsetzt. [2])

Das preußische Landrecht läßt die Ehe als stillschweigend genehmigt erscheinen, wenn der anfechtungsberechtigte Theil nach Entdeckung des Anfechtungsgrundes die Ehe länger als 6 Wochen fortsetzt ohne Anfechtungsklage zu erheben. Der bloßen Thatsache des Vollzuges des Beischlafes nach entdecktem Anfechtungsgrunde räumt dieses Recht die Wirkung einer stillschweigenden Genehmigung ebensowenig ein, als die Wirkung der stillschweigenden Verzeihung gegenüber Ehescheidungsgründen. [3])

Juden.

In Ehesachen der Juden, welche im rechtsrheinischen Bayern wohnen, gilt theils bürgerliches, theils kirchliches (mosaisches) Recht. Durchwegs bürgerliches Recht findet Anwendung in Ehesachen bayerischer Juden, welche im Geltungsbereiche des preußischen Landrechts wohnen. [4])

---

[1]) Permaneder, KR. § 401. allg. preuß. LR. II. 1. § 41—44.
[2]) Permaneder, ibid. und § 282.
[3]) Allg. preuß. LR. Thl. II. 1. § 44 ff. und § 721.
[4]) Aus dem unten bei der Abhandlung „Katholiken" angegebenen Grunde.

In Ehesachen der im Geltungsgebiete des bayer. Landrechts lebenden Juden dagegen kommt neben dem bürgerlichen Rechte mosaisch-rabbinisches Recht zur Anwendung.

Ausschließlich nach dem geltenden bürgerlichen Rechte (dem Civil-Ehegesetze und dem Verehelichungsgesetze vom 16. April 1868) haben sich die Juden auch im bayerisch-landrechtlichen Gebiete zu richten in Bezug auf die Form und die Erfordernisse der Eheschließung.

Dagegen kommt das mosaisch-rabbinische Recht zur Anwendung in allen jenen Fällen, in welchen für die im Gebiete des bayerischen Landrechts wohnenden Katholiken das canonische Recht maßgebend ist.[1])

Der Kürze halber wird daher auf die oben unter der Ueberschrift „canonisches Recht" gegebene Aufzählung der bezüglichen Fälle hier Bezug genommen.[2])

Jungfrauschaft.

Der Mangel der Jungfrauschaft kommt als Eheungiltigkeitsgrund in Betracht

1) im Geltungsbereiche des preußischen Landrechts zu Gunsten aller in Bezug auf die Jungfräulichkeit der noch nicht verheirathet gewesenen Braut bei Eingehung der Ehe in einem Irrthum befangen gewesenen Männer ohne Unterschied des Religions-Bekenntnisses;
2) im Geltungsbereiche des bayerischen Landrechts zu Gunsten der bei Eingehung der Ehe im gleichen Punkte in einem Irrthum befindlich gewesenen Protestanten und Dissidenten.

Ob die Entjungferung eine Schwängerung im Gefolge hatte oder nicht, — ist gleichgiltig.[3])

---

[1]) Bayer. LR. Thl. I. c. 6. § 40. Anmerk. Z. 15. Gesetz v. 29. Juni 1851, die bürgerl. Rechte der israelitischen Glaubensgenossen betreffend.

[2]) Die Literatur der Juden in Bezug auf Eherecht siehe bei Fassel, das mos.-rabb. Civilrecht. Seit Fassel haben das jüd. Eherecht noch bearbeitet: Fränkel (Grundlinien des mosaisch-talmudischen Eherechts, Leipzig 1860), Duschek (das mosaisch-talmudische Eherecht, Wien 1864).

[3]) Anderer Ansicht ist Dernburg, preuß. Priv.-R. Bd. 3. § 13. Note 12.

Der im Gebiete des bayerischen Landrechts lebende katholische Ehemann kann die Ehe, die er mit einer irrthümlich für jungfräulich gehaltenen Frauensperson schloß, nicht als ungiltig anfechten, da das für ihn maßgebende canonische Recht diesen Irrthum als keinen wesentlichen erachtet.

(Vergl. oben die Abhandlung „Betrug“ 2c.)

K.

Katholiken.

Für die katholischen Staatsangehörigen Bayerns diesseits des Rheins gilt in Ehesachen theils kirchliches, theils bürgerliches Recht. Durchwegs bürgerliches Recht kommt zur Anwendung in Ehesachen derjenigen bayerischen Katholiken, welche im Gebiete des preußischen Landrechts leben, welch letzteres für alle nach diesem Rechte lebenden Personen ohne Unterschied ihres Glaubensbekenntnisses die eherechtlichen Verhältnisse ihrem ganzen Umfange nach unter Ausschluß kirchlicher Satzungen selbstständig geregelt hat.

In Ehesachen der im Geltungsbereiche des bayerischen Landrechts lebenden Katholiken dagegen kommt das canonische Recht (katholische Kirchenrecht) zur Anwendung, soweit dieses nicht ausdrücklich abgeschafft ist. Gänzlich abgeschafft ist das canonische Recht in Bezug auf die Formen der Eheschließung, welche ihrem ganzen Umfange nach durch das Civilehegesetz und das Verehelichungsgesetz vom 16. April 1868 geregelt worden. Als noch in Geltung befindliches Recht erscheint dagegen das canonische Recht in den oben unter „canonisches Recht“ erörterten Fällen.

Ketzerei.

Das im canonischen Rechte begründete Ehehinderniß der Ketzerei ist durch die Reichs-Civil-Ehegesetzgebung auch für die Katholiken beseitigt worden.

Keuschheitsgelübde.

Das Gelübde der Keuschheit bildete ehemals ein Ehehinderniß. Dasselbe ist durch die Civil-Ehegesetzgebung beseitigt.

(Vergl. oben „Ehehindernisse“.)

Kinder bedürfen zur Eheschließung der elterlichen Einwilligung. Siehe hierüber oben „Elterliche Einwilligung".

Ueber das Recht der Kindererziehung bei geschiedenen Ehen siehe oben „Erziehung der Kinder" ꝛc.

Kinder aus geschiedenen Ehen. Siehe „Erziehung der Kinder aus geschiedenen Ehen".

Kinder aus ungiltigen und nichtigen Ehen.

Was die Kinder aus ungiltigen und nichtigen Ehen betrifft, so ist nach bayerischem Landrecht zu unterscheiden, ob die ungiltige Ehe von beiden Eheleuten oder doch von einem Ehetheil, oder endlich von gar keinem der Gatten im guten Glauben an die Rechtsbeständigkeit derselben eingegangen worden ist.

Im ersten Falle — d. h. bei gutem Glauben beider Eheleute — genießen die Kinder die Rechte ehelicher Kinder. Ebenso besteht bezüglich ihrer die väterliche Gewalt mit allen ihren Consequenzen.

Im zweiten Falle — d. h. wenn nur ein Ehegatte im guten Glauben war — genießen die Kinder die Rechte ehelicher Kinder gleichfalls, der väterlichen Gewalt aber sind sie in diesem Falle nur dann unterstellt, wenn der Vater der gutgläubige Ehetheil gewesen ist. Ist die Mutter der gutgläubige Theil gewesen, so „folgen" die Kinder der Mutter, d. h. es steht der Mutter das Erziehungsrecht zu, der Vater aber hat sie nichtsdestoweniger zu alimentiren.

Im dritten Falle — d. h. wenn keiner der Ehetheile in gutem Glauben die Ehe abgeschlossen hat — sind die Kinder „für unehelich zu halten". [1])

Das preußische Landrecht gibt den Kindern aus nichtigen und ungiltigen Ehen in allen Fällen ihren Eltern gegenüber die Rechte ehelicher Kinder. Ebenso werden sie unter sich als vollbürtige Geschwister erachtet. Sie führen aber den Geschlechtsnamen der Mutter, treten zu den Ascendenten und Seitenverwandten der Eltern in keine Verwandtschaftsverhältnisse, sind daher ihnen gegenüber auch nicht erbberechtigt. Derjenige Ehetheil, der wissentlich die nichtige oder ungiltige Ehe

[1]) Bayer. LR. Thl. I. c. 6. § 44.

geschlossen hat, erlangt keine elterlichen Rechte über seine aus dieser Ehe entsprossenen Kinder.[1])

Kirchendiener. Siehe „Staatsdiener“ und „Corporationsbeamte“.

Klage.

Die in Ehesachen vorkommenden Klagen sind:

1) Klagen auf Nichtigkeitserklärung einer Ehe;
2) Klagen auf Ungiltigkeitserklärung einer Ehe;
3) Klagen auf Scheidung einer Ehe;
4) Klagen auf Herstellung des ehelichen Lebens.

(Ueber die zuletzt genannten Klagen siehe oben bei „Herstellung des ehelichen Lebens“.)

Unter Ehescheidungsklage versteht man eine Klage auf Auflösung des Bandes der Ehe oder auf zeitweilige Trennung von Tisch und Bett aus einem nach Eingehung der Ehe entstandenen Grunde. Die einzelnen Fälle der Ehescheidungsklagen siehe oben unter:

„Ehescheidungsgründe“.

Unter Ungiltigkeitsklage ist zu verstehen diejenige Klage, durch welche eine Ehe aus irgend einem Grunde als ungiltig angefochten wird, welcher nicht von Amtswegen geltend gemacht werden kann.

(Siehe auch „Ehe-Ungiltigkeit“ und „Ehe-Ungiltigkeitsgründe“.

Die Klage, durch welche eine Ehe in ihrem Rechtsbestande angefochten wird aus einem Grunde, welcher nicht blos von einem der Ehegatten oder einem Dritten, sondern auch von Amtswegen geltend gemacht werden kann, heißt Ehe-Nichtigkeitsklage.[2])

Das behördliche Organ zur Geltendmachung der Ehe-Nichtigkeitsgründe ist die Staatsanwaltschaft.[3])

(Siehe „Staatsanwaltschaft“.)

Die einzelnen Fälle der Ehenichtigkeitsklagen siehe unter „Ehe-Nichtigkeitsgründe“.

Klagegründe.

(Siehe „Klagen“, „Ehescheidungsgründe“,

---

[1]) Allg. preuß. LR. § 50 ff. II. 2.
[2]) RCPO. § 592.
[3]) Ebendort § 586 ff.

„Eheungiltigkeitsgründe", „Ehenichtigkeitsgründe", „Herstellung des ehelichen Lebens".

Körperverletzung, siehe „Thätlichkeiten".

Kränkungen.

Grobe widerrechtliche Kränkungen der Ehre und der persönlichen Freiheit berechtigen zur Klage auf Trennung der Ehe dem Bande nach alle jene Ehegatten, deren Ehesachen nach preußischem Landrecht zu beurtheilen sind. Alle jene Ehegatten dagegen, deren Ehesachen nach gemeinem protestantischen Kirchenrechte zu beurtheilen sind, sowie Eheleute, deren eherechtlichen Verhältnisse nach dem katholischen Kirchenrechte sich regeln, also die Katholiken, Protestanten und Dissidenten im Gebiete des bayerischen Landrechts, können wegen grober widerrechtlicher Ehe- und Freiheits-Kränkungen nur temporäre (zeitweise) Scheidung begehren.

Kuppelei.

Der Kuppler, der seine eigene Frau verkuppelt, kann gegen dieselbe nicht auf Scheidung wegen Ehebruchs klagen.

Siehe „Ehebruch".

L.

Levirats-Ehe

oder die Ehe mit der Wittwe des verstorbenen Bruders war im mosaischen Rechte verboten, falls Kinder aus der ersten Ehe vorhanden waren.

Andernfalls war es sogar Pflicht und Sitte, des Bruders Wittwe zu heirathen.

Lutheraner.

Für die Ehesachen der Lutheraner kommt im Gebiete des bayerischen Landrechts das gemeine protestantische Kirchenrecht zur Anwendung.

Im Gebiete des preußischen Landrechts gelten die Bestimmungen des allgemeinen Civilrechts für alle Rechtssubjekte ohne Unterschied der Confession.

M.

Mandat. Siehe Befehl.

Matrimonium putativum

heißt jene nichtige Ehe, welche abgeschlossen wurde, ohne daß den Eheschließenden der Nichtigkeitsgrund bekannt war.

Metus reverentialis. Siehe „Furcht".

Militärpersonen

bedürfen, so lange sie ihrer Pflicht zum Dienste in der aktiven Armee noch nicht genügt haben, zur Verehelichung der Erlaubniß der Militärbehörde. Eine ohne die erforderliche Erlaubniß geschlossene Ehe ist aber keineswegs ungiltig. [1])

Minderjährige.

Ueber die Frage, unter welchen Bedingungen Minderjährige heirathen können, siehe die Abhandlung „Elterliche Einwilligung".

Was die Frage betrifft, ob verheirathete Minderjährige selbstständig klagend in Ehesachen auftreten können, oder hiezu des Beistandes der Eltern oder eines Specialcurators bedürfen, so ist zu unterscheiden zwischen den Fällen, in welchen das bayerische Landrecht zur Anwendung kommt, und jenen, in denen das preußische Landrecht maßgebendes Recht ist.

In Ehesachen von Personen, welche nach bayerischem Landrecht zu behandeln sind, ist zunächst des Weiteren zu unterscheiden, ob mit der Verehelichung einer minderjährigen Person gleichzeitig eine solche Absonderung derselben von der elterlichen Haushaltung erfolgt, daß sie nicht mehr in Brod und Unterhalt der Eltern steht oder nicht.

Ersteren Falls hört die väterliche Gewalt ebensowohl auf [2]) als eine etwa bestehende Curatel wegen Minderjährigkeit, [3]) und da das Wiederaufleben beider

---

[1]) CEG. § 38, bayer. Gesetz über Verehelichung v. 16. April 68, Art. 34, Wehrgesetz Art. 30.

[2]) Bayer. LR. Thl. I. c. 5. § 7. Z. 4.

[3]) Ib. c. 7. § 36. Z. 7 „Viertens" 2c.

nach bayerischem Landrecht ausgeschlossen ist[1]), so muß angenommen werden, daß in diesem Falle die verheirathete minderjährige Person, ob Ehemann oder Ehefrau, selbstständig klagend und handelnd auftreten kann.

Ist aber die Verheirathung erfolgt, ohne daß die minderjährige Person aus dem elterlichen Brod und Unterhalt getreten ist, so wird durch die Verehelichung die väterliche Gewalt nicht aufgehoben,[2]) so daß in diesem Falle, da die väterliche Gewalt die Vertretungsbefugniß in Ansehung der Hauskinder in sich schließt,[3]) das minderjährig verehelichte Hauskind, um klagend auftreten zu können, des Beistandes und beziehungsweise der Vertretung durch den Vater bedarf.

Nach preußischem Landrecht bedarf die minderjährige Ehefrau der Vertretung des Vaters oder Vormundes, der minderjährige Ehemann aber in der Regel nicht,[4]) „da der Consens zur Verheirathung eines minderjährigen Mannes in den allermeisten Fällen die Entlassung aus der väterlichen Gewalt mit den Wirkungen der Majorennitätserklärung mit sich führen wird.“

Was die fernere Frage betrifft, ob in Ehesachen, soweit nicht nach Obigem die gesetzliche Vertretung überhaupt cessirt, der gesetzliche Vertreter einer minderjährig-verheiratheten Person auch selbstständig, d. h. ohne Zuziehung des Mündels, klagend auftreten kann, so ist diese Frage an sich zu bejahen, da die allgemeine Vertretungsbefugniß des gesetzlichen Vertreters die Befugniß in sich schließt, in allen Dingen selbstständig, d. h. ohne Zuziehung des Minderjährigen, Processe zu führen,[5]) eine Befugniß, welcher lediglich eine thatsächliche Schranke in jenen Ehescheidungs-Fällen gezogen ist, in welchen das Gesetz die Vornahme eines Sühne-Versuchs verlangt, weil in diesen Fällen der zur Sühne

---

[1]) Ibid. c. 5. § 7. Z. 7. § 36. Z. 7. Roth, bayer. CR. B. I. c. II. § 50.

[2]) Bayer. LR. Thl. I. c. 5. § 7. Z. 5.

[3]) Bayer. LR. Thl. I. c. 5. § 2. Roth, bayer. CR. Bd. I. § 80.

[4]) W. Peter's: Die Ehescheidung § 3 und die dort. Allegate.

[5]) W. Peter's Ehescheidung § 3 und 32. Roth, bayer. CR. Bd. I. Buch 1. c. 3. § 80.

beizuziehende Minderjährige durch Verzeihung der Klagegründe die weitere Fortführung des Scheidungsprocesses vereiteln kann.

Mißhandlung. Siehe „Thätlichkeiten".

Morganatische Ehe
ist eine Ehe, welche die Frau vom Range und Stand des Mannes ausschließt und die regelmäßige Succession hinsichtlich ihrer und der Kinder aufhebt.

Mosaisches Eherecht.

Dieses ist vielfach die Grundlage der christlichen Eherechte geworden, namentlich in Bezug auf die Eheverbote.

Die Fortbildung des mosaischen Rechts im mosaisch-rabbinischen Rechte einerseits aber und der christlichen Kirchenrechte andererseits führte beide Rechtsgruppen wieder wesentlich auf ihren Wegen auseinander.

Namentlich ist dies der Fall auf dem Gebiete des Ehescheidungsrechts. Letzteres ist im mosaischen Rechte viel laxer als dasjenige der christlichen Confessionen.

Der bayerische Gesetzgeber Kreittmayr sagt[1]: Vermöge des mosaischen Gesetzes braucht es eben keiner großen Ursache zur Ehescheidung, genug, daß die Braut keine Jungfer mehr zu sein befunden worden, oder sonst anderer Unlust wegen keine Gnade mehr vor den Augen ihres Mannes findet.

Ist nun auch dies nicht so ganz strikte zu nehmen, so ist doch soviel sicher, daß das mosaisch-rabbinische Recht in der Zulassung von Scheidungsgründen noch weiter geht als das laxeste der christlichen Eherechte, als welches das preußische Landrecht zu erachten ist. Außer den Scheidungsgründen des preußischen Landrechts, welche alle auch im mosaischen Rechte zutreffen, läßt letzteres Scheidung auch zu:

1) Bei langjähriger Abwesenheit eines Ehegatten;[2]
2) im Falle der Selbstentehrung, d. h. wenn der eine Ehetheil Handlungen begeht, die mit Strafe[3])

---

[1]) Anmerk. z. bayer. LR. Thl. I. c. 6. § 40. Z. 5.
[2]) Auch wenn dieselbe nicht auf böslicher Verlassung beruht.
[3]) Die Strafe braucht nicht, wie nach preuß. LR., eine harte und schmähliche zu sein, wenn nur die Handlung eine den Ruf des andern Ehetheils gefährdende ist.

geahndet werden und durch die der Ruf des anderen Ehetheils gefährdet wird;

3) wegen häufiger Mißhandlungen und häufiger heftiger Schmähungen, ohne Unterschied des Standes der Eheleute.[1])

Was die übrigen Scheidungsgründe betrifft, welche dem mosaischen Rechte mit dem preußischen Landrechte gemeinschaftlich sind, siehe oben „Ehescheidungsgründe."

Das mosaische Eherecht findet übrigens in Bayern nicht durchwegs Anwendung. Nur für die Ehestreitigkeiten der im Gebiete des bayerischen Landrechts lebenden Juden ist es kraft gesetzlicher Bestimmung[2]) anwendbar. In demjenigen Theile Bayerns, in welchem preußisches Landrecht gilt, kommt auch in Ehestreitigkeiten der Juden nicht das mosaische Recht, sondern das allgemeine preußische Landrecht zur Anwendung, da dieses Recht für alle demselben unterworfenen Personen ohne Unterschied ihres Glaubensbekenntnisses die eherechtlichen Verhältnisse ihrem ganzen Umfange nach unter Ausschluß kirchlicher Satzungen selbstständig geregelt hat.[3]) (Vergl. „Preußisches Landrecht" und „Juden".)

Mündel. Siehe „Pflegebefohlene".

Mutter.

Einfluß derselben auf die Eheschließung. Siehe „Elterliche Einwilligung".

N.

Nachstellungen nach dem Leben,

wenn auch erfolglos geblieben, bilden in Ansehung

---

[1]) Im preuß. LR. ist dieser Scheidungsgrund beschränkt auf Personen „mittleren und höheren Standes". Leute gemeinen Standes sollen wegen geringer Thätlichkeiten und Beleidigungen nicht geschieden werden.

[2]) Art. 2 des Ges. v. 20. Juni 1852, die bürgerlichen Rechte der israelitischen Glaubensgenossen betr.

[3]) Das jüdische oder „mosaische" Eherecht ist am ausführlichsten bisher dargestellt worden von Fassel in seinem Werke: „Das mosaisch-rabbinische Civilrecht", Wien 1854, 2 Bände, welchem ich bei obiger Aufzählung der Scheidungsfälle gefolgt bin.

von Ehen, für welche das preußische Landrecht oder das gemeine protestantische Eherecht das maßgebende Eherecht ist, einen Grund zur vollständigen Scheidung (Trennung der Ehe dem Bande nach).

Bei Ehen, welche nach dem katholischen Kirchenrecht zu beurtheilen sind (also im Gebiete des bayerischen Landrechts bei Ehesachen der Katholiken) tritt auf Klage wegen Nachstellungen nach dem Leben nur Scheidung auf bestimmte oder unbestimmte Zeit ein und ist das Ausmaß der Scheidungsdauer dem richterlichen Ermessen anheimgegeben.

Neffe.

Das früher (im Gebiete des preußischen Landrechts) bestandene Verbot der Ehe zwischen dem Neffen und der älteren Tante ist aufgehoben.

Neue Scheidungsgründe

können bis zum Schlusse derjenigen Verhandlung, auf welche das Urtheil ergeht, ohne Zustimmung des Beklagten sowohl im ersten als im zweiten Rechtszuge geltend gemacht werden. [1])

Nichtigkeitserklärung. Siehe „Nichtigkeitsklage“.

Nichtigkeitsgründe. Siehe „Ehenichtigkeitsgründe“.

Nichtigkeitsklage.

Ueber den Begriff derselben siehe „Klage“.

Für die Nichtigkeitsklage gelten folgende Bestimmungen:

Die Nichtigkeitsklage kann erhoben werden:

1) von der Staatsanwaltschaft; [2])
2) von jedem der in nichtiger Ehe lebenden Gatten; [3])
3) von jedem Dritten, welcher ein rechtliches Interesse daran hat, daß die Ehe für nichtig erklärt werde. [4])

Die von dem Staatsanwalt oder einem Dritten erhobene Klage ist gegen beide Ehegatten, die von einem

---

[1]) RCPO. § 574. Peters, Ehescheidung. § 7.
[2]) CPO. § 586.
[3]) Ibid. l. c.; bayer. Ausf.-Ges. z. CPO. Art. 93.
[4]) l. c.

Ehegatten erhobene Klage ist gegen den andern Ehegatten zu richten. [1])

Mit der Nichtigkeitsklage kann eine andere Klage nicht verbunden werden. Eine Widerklage ist nur statthaft, wenn sie ebenfalls eine Nichtigkeitsklage ist. [2])

Der Klageantrag ist dahin zu stellen, „die Ehe als nichtig aufzuheben"; im Falle der Schuld des einen Gatten an Eingehung der nichtigen Ehe kann die Klagebitte auch dahin ausgedehnt werden, den betreffenden Ehegatten als den schuldigen Theil zu erklären. [3])

So lange die Ehegatten leben, kann die Nichtigkeit einer Ehe aus einem Grunde, der auch von Amtswegen geltend gemacht werden kann, nur auf Grund einer förmlichen Nichtigkeitsklage, nicht auch in einem Incidentverfahren zu einem anderen Prozesse, ausgesprochen werden. [4])

Der Staatsanwalt kann, auch wenn er die Klage nicht erhoben hat, den Rechtsstreit betreiben, insbesondere selbstständig Anträge stellen und Rechtsmittel einlegen. [5])

Wird ein Rechtsmittel von dem Staatsanwalt oder von einer Privatpartei eingelegt, so sind im ersteren Falle die Privatparteien, im letzteren die übrigen Privatparteien und der Staatsanwalt, sofern derselbe Partei ist, für das Rechtsmittelverfahren als Gegner anzusehen. [6])

Unterliegt der als Partei auftretende Staatsanwalt im Prozesse, so ist die Staatskasse zur Erstattung der dem obsiegenden Gegner erwachsenen Kosten zu verurtheilen. [7])

Im Uebrigen gelten für die Nichtigkeitsklage die allgemeinen Bestimmungen über das Verfahren in Ehesachen. Ein Sühneversuch kann selbstverständlich nicht stattfinden, da die Frage der Nichtigkeit der Ehe von dem Willen der Betheiligten gänzlich unabhängig ist.

Nießbrauch des Ehemanns am Vermögen der Frau. Siehe „Vermögensauseinandersetzung".

---

[1]) l. c. § 586. Abs. 2.
[2]) l. c. § 587.
[3]) Striethorst, Archiv. Bd. 47. S. 107.
[4]) ibid. § 588.
[5]) ibid. § 589.
[6]) ib. § 590.
[7]) ib. § 591.

Nothzucht, erlittene, ist kein Scheidungsgrund. Siehe „Ehebruch".

O.

Ordensgelübde.

Deren Wirksamkeit als Hinderniß der Schließung eines Ehebundes einerseits und als Grund der Lösung einer bereits geschlossenen — aber noch nicht durch den Beischlaf vollzogenen — Ehe andererseits ist aufgehoben.
(Siehe „Ehehindernisse".)

P.

Päderastie.

Päderastie ist widernatürliche Wollust zwischen Personen männlichen Geschlechts. Dieselbe ist gleich dem Ehebruche nach allen Rechten ein Grund, Scheidung der Ehe dem Bande nach zu begehren.
(Vergl. oben „Ehebruch".)

Permittimus.

„Permittimus" wurde im canonisch-rechtlichen Eheprozesse jener Gerichtsbeschluß genannt, durch welchen auf Antrag einer der Parteien derselben gestattet wurde, einstweilen von dem andern Ehegatten getrennt zu leben.

Die Erlaubniß des einstweiligen Getrenntlebens wird im jetzigen Ehescheidungsprozesse vom Civilgerichte, und zwar von dem mit der Hauptsache befaßten Gerichte, mittels „einstweiliger Verfügung" ausgesprochen.[1])
(Siehe auch „Einstweilige Verfügungen".)

Pflegebefohlene.

Die Eheschließung eines Pflegebefohlenen mit seinem Vormund oder dessen Kindern ist während der Dauer der Vormundschaft unzulässig.[2]) Dieses zum Schutze der Vermögensinteressen aufgestellte Verbot hat nur die Bedeutung eines aufschiebenden Hindernisses; das Gesetz betont dies selbst, indem es ausdrücklich bei-

---

[1]) RCPO. § 584.
[2]) CEG. § 37.

fügt: „Ist die Ehe gleichwohl geschlossen, so kann dieselbe als ungiltig nicht angesehen werden.“ Dasselbe Eheverbot hatte bisher bereits bestanden für das Gebiet des preußischen Landrechts, aber dort mit der Folge der Ungiltigkeit der dem Verbote zuwiderlaufenden Ehe, was jetzt als beseitigt erscheint.

Damit dürften auch die in Th. II Tit. I § 989 mit 996 des preußischen Landrechts aufgestellten Folgen als aufgehoben erachtet werden, da dieselben in jenem Gesetze als Rechtsfolgen einer ungiltigen Ehe statuirt wurden und sie nunmehr, nachdem die Ungiltigkeit der Ehe selbst beseitigt ist, zugleich mit derselben — als deren unerläßlicher Voraussetzung — hinfällig geworden sind.

Das bayerische Landrecht hat — gleich dem canonischen Rechte — auch dieses Verbot nicht gekannt, dasselbe ist daher für dieses Rechtsgebiet neugeschaffenes Recht. Gleiches ist der Fall bezüglich des gemeinen protestantischen Eherechtes.

Die Uebertretung dieses Verbotes ist daher im Gebiete des bayerischen Landrechts für Katholiken und Protestanten mit speziellen gesetzlichen Nachtheilen nicht verbunden.

Pfleger — während des Scheidungsprozesses.

Nach preußischem Landrecht ist, wenn aus den Verhandlungen in einem Ehescheidungsprozesse hervorgeht oder dem Gerichte sonst bekannt ist, daß beide Ehegatten, oder auch nur einer, sich der Verschwendung des Vermögens oder der Vernachläßigung der Erziehung der etwa vorhandenen Kinder verdächtig machen, schon während des Scheidungsprozesses den Kindern ein Pfleger zu bestellen.[1])

Im bayerischen Landrecht ist eine derartige Bestimmung nicht getroffen.

Pflichttheil der Kinder im Falle der Ehescheidung.

In Ansehung der Kinder aus geschiedenen Ehen hat das bayerische Landrecht Spezialbestimmungen nicht getroffen; wohl aber das preußische Landrecht. Nach letzterem Rechte soll den Kindern aus dem Vermögen des

[1]) Anhang § 290 z. AGO.

an der Scheidung Schuldtragenden, oder wenn beide Eheleute gleich schuldig sind, aus beider Vermögen ihr Pflichttheil ausgesetzt werden und geschieht dieß auf Antrag des Unschuldigen oder des bestellten Pflegers. Es muß übrigens bescheinigt werden, daß der Schuldige sich der Verschwendung hingibt.

Dieser Pflichttheil ist sogleich Eigenthum [1]) der Kinder und muß sicher gestellt werden. Derselbe genießt im Konkurse des Schuldigen Vorrecht vor den nicht bevorzugten übrigen Gläubigern. [2])

Auch ist in Ansehung dieses Theils des Vermögens der Kinder eine besondere Erbfolge bestimmt. Sind keine Abkommen vorhanden, so sind die Geschwister und deren Abkömmlinge zur Erbfolge berufen; in Ermangelung dieser Berufenen fällt der Pflichttheil an den Aussetzenden zurück; der andere Ehetheil ist von der Erbfolge in diesen Vermögenstheil ausgeschlossen. [3])

Polygamie

verstößt gegen das trennende, öffentlich rechtliche Ehehinderniß der „bestehenden Ehe“, und gilt von der rechtlichen Beurtheilung und den Folgen dieses gesetzwidrigen Zustandes das bereits bei der Bigamie (siehe diese) Ausgeführte.

Dieselbe kann als Vielweiberei oder als Vielmännerei auftreten.

(Siehe diese!)

Preußisches Landrecht.

Preußisches Landrecht gilt in einigen Theilen von Bayern (Ober-, Mittel- und Unterfranken).

Dieses Recht hat im Gegensatze zum bayerischen Landrecht das Eherecht einheitlich für alle Confessionsangehörigen (unter Ausschluß kirchlicher Satzungen) geregelt. Nur bezüglich der Formen der Eingehung der Ehe war vor Einführung der Civil-Ehe den kirchlichen Satzungen ein Einfluß eingeräumt. Seit Einführung der reichsgesetzlichen Civil-Ehe sind auch die Formen und

---

[1]) §§ 457 ff. II. 2 Allg. LR.
[2]) Konk.-Ordn. § 54.
[3]) §§ 467 u. 468. II. 2. Allg. LR.

Erfordernisse des Eheabschlusses vom weltlichen Rechte geregelt.

Die vom bayerischen und canonischen Rechte abweichenden Bestimmungen des preußischen Landrechts in Ansehung der eherechtlichen Materien sind bei den einschlägigen Detailabhandlungen überall ausdrücklich hervorgehoben.

Privattrennung

zweier Eheleute gilt nicht als Rüge eines Ehescheidungsgrundes.

(Näheres siehe unter „Verzeihung".)

Prozeßfähigkeit.

Ueber die Prozeßfähigkeit in Ehesachen sind weder in der Reichs-Civilprozeßordnung, noch im Civil-Eherecht Spezialbestimmungen getroffen. Es kommen daher die allgemeinen Bestimmungen der Civilprozeßordnung und des bürgerlichen Rechts zur Anwendung. [1])

Prozeßkosten.

Der Ehemann muß der Ehefrau für den anzustrengenden Ehescheidungsprozeß die nöthigen Kosten vorschießen, [2]) es sei denn, daß die Frau „sich boshafter Weis selbst von ihm wegbegibt und auf Ermahnen nicht wiederum zurückkehrt". Zur Erfüllung dieser Verpflichtung kann der Ehemann durch selbstständige Klage angehalten werden.

Die Ehefrau kann niemals gezwungen werden, dem Ehemanne zum Behufe der Anstrengung eines Scheidungsprozesses Kosten vorzuschießen.

Prorogation,

d. h. eine Vereinbarung zwischen den Prozeßparteien über die Zuständigkeit des Gerichts, ist in Ehesachen unstatthaft. [3])

Protestanten.

Die Ehestreitigkeiten der im Gebiete des bayerischen Landrechts lebenden Protestanten werden, soweit das ge-

---

[1]) §§ 50 u. 51 der CPO. Diese Materie hier weiter zu behandeln, ist demnach keine Veranlassung, da der Zweck dieses Werkes lediglich die Darstellung der eherechtlichen und eheprozeßrechtlichen Specialia ist.

[2]) Bayer. LR. Thl. 1. c. 6. § 40. Z. 3. Allg. preuß. LR. Thl. II. 1. 185.

[3]) CPO. § 40. § 12. § 568.

meine protestantische Kirchenrecht nicht durch die Civil-Ehegesetzgebung aufgehoben wurde, nach diesem confessionellen Rechte beurtheilt.

Die einzelnen Fälle, in denen hienach protestantisch-confessionelles Recht zur Anwendung kommt, sind dieselben, wie sie oben in der Abhandlung über „Canonisches Recht“ in Ansehung der Katholiken aufgeführt wurden. (Vergl. dort!) Ebenso sind die Fälle, in denen die Anwendung des protestantisch-confessionellen Rechts ausgeschlossen ist, die gleichen, wie sie oben in der Abhandlung „Katholiken“ aufgezählt wurden.

Für die Ehestreitigkeiten der im Gebiete des preußischen Landrechts wohnenden Protestanten kommt durchwegs das allgemeine preußische Landrecht zur Anwendung, da letzteres Recht die eherechtlichen Verhältnisse ihrem ganzen Umfange nach unter Ausschluß kirchlicher Satzungen selbstständig geregelt hat.

Pubertät. Siehe „Ehemündigkeit“.

Publikation des Scheidungsurtheils.

Von der allgemeinen Regel, daß auch das Ehescheidungsurtheil erst mit dem Eintritt der Rechtskraft wirksam wird, gibt es für das Gebiet des preußischen Landrechts zwei Ausnahmen, welche als Rechtsfiktionen zum Nachtheil des schuldigen Gatten erscheinen. Es hört nämlich der Nießbrauch des Ehemanns mit dem Tage des publizirten und demnächst rechtskräftig gewordenen Scheidungsurtheils auf und die Abfindung des unschuldigen Theils wird gleichfalls nach diesem Tage geregelt. [1])

Putativ-Ehe. Siehe oben »Matrimonium putativum«.

Q.

Quasiaffinität oder nachgebildete Verschwägerung.

Dieselbe umfaßte nach canonischem Rechte die Beziehungen des einen Verlobten zu den Blutsfreunden des anderen. Die Ehe zwischen denselben war verboten. Das Hinderniß der Quasiaffinität ist jetzt beseitigt.

(Siehe oben „Ehehindernisse“.)

---

[1]) §§ 769 ff. 784 II. 1. Allg. LR.

R.

Raptus. Siehe „Entführung".

Raserei und Wahnsinn,

in welche ein Ehegatte verfällt, berechtigt den anderen Ehegatten, sofern dessen Ehesachen nach preußischem Landrecht zu beurtheilen sind, zur Klage auf Trennung der Ehe dem Bande nach, wenn diese Uebel über ein Jahr ohne Hoffnung zur Besserung fortdauern.[1])

Die Katholiken im Gebiete des bayerischen Landrechts, für welche das canonische Recht maßgebend ist, haben kein Recht, eines derartigen Geisteszustandes halber Scheidungsklage zu stellen.

Nach gemeinem protestantischen Eherecht, welches für die im Gebiete des bayerischen Landrechts lebenden Protestanten und Dissidenten gilt, bilden Raserei und Wahnsinn ebenfalls nicht an und für sich einen Scheidungsgrund, sondern nur dann, wenn der bezügliche krankhafte Geisteszustand ein selbstverschuldeter ist.[2])

Rechtshängigkeit.

Die allgemeine Bestimmung des § 235 Z. 3 der Civilprozeßordnung über die Wirkung der Rechtshängigkeit, wonach der Kläger nicht berechtigt ist, nach einmal eingetretener Rechtshängigkeit ohne Einwilligung des Beklagten die Klage zu ändern, gilt in Ehesachen nicht. Es können vielmehr im Eheprozeß bis zum Schluß derjenigen Verhandlung, auf welche das Urtheil ergeht, immer noch neue Klagegründe geltend gemacht werden.[3])

Rechtskraft.

Das canonische Recht stellte den Satz auf, daß Erkenntnisse in Ehesachen keiner Rechtskraft fähig seien. Dieser durch die Praxis der geistlichen Gerichte hergestellte gewohnheitsrechtliche Grundsatz wurde aber von den evangelischen Ehegerichten nicht beobachtet; zuweilen wurde dessen Wirksamkeit auch in Ansehung der dem canonischen

---

[1]) Allg. preuß. LR. II. 1. § 698.
[2]) Erkenntn. des bayer. oberst. Gerichtshofes v. 9. Nov. 1861.
[3]) § 574 der CPO.

Rechte unterworfenen Katholiken durch die bürgerliche Gesetzgebung ausgeschlossen.[1])

Nach dem Stande der jetzigen Gesetzgebung muß angenommen werden, daß die Urtheile in den Ehesachen aller Confessionsangehörigen der Rechtskraft nach den über die letztere bestehenden allgemeinen Bestimmungen unterliegen. Dies folgt daraus, daß die Civilprozeßordnung keine Spezialvorschrift über die Rechtskraft der Urtheile in Ehesachen aufgestellt hat. Soweit aber für das Verfahren in Ehesachen nicht ausdrückliche Sondervorschriften gegeben sind, greifen die allgemeinen Bestimmungen der Civilprozeßordnung Platz. Es gilt daher die allgemeine Bestimmung des § 645 der Civilprozeßordnung, wonach Urtheile jeder Art durch und mit dem Ablauf der Rechtsmittelfristen (Einspruchs-, Berufungs-, Revisions-Frist) rechtskräftig werden.

Die Tragweite dieser Aenderung ist in Ansehung von Ehesachen, für welche im Uebrigen das canonische Recht gilt, eine sehr bedeutende. Ein Beispiel möge dies zeigen!

Das geistliche Ehegericht in Augsburg erklärte die Ehe eines gewissen Konrad Schnabel in Augsburg mit einer gewissen Adelheid Pfister aus dem Grunde für nichtig, weil Konrad Schnabel impotent (unfähig, den Beischlaf zu vollziehen) sei. Konrad Schnabel heirathete dann eine gewisse Adelheid Geber und erzeugte mit dieser 5 Kinder. Dies wurde dem geistlichen Gerichte bekannt, welches nun den früheren Prozeß wieder aufnahm, das frühere Nichtigkeitserkenntniß als auf einem Irrthum der Kirche beruhend aufgehoben und die spätere Ehe des Schnabel als bigamische Ehe nichtig erklärte.[2])

So hart letzteres Urtheil erscheinen mag, von dem Grundsatze ausgehend, daß es in Ehesachen keine Rechtskraft der Urtheile gebe, war dasselbe vollkommen in Ordnung.

Nach dem Stand der jetzigen Gesetzgebung wäre eine derartige Judikatur unmöglich. Denn die auch für

---

[1]) Richter, KR. § 281, 284.

[2]) Aus dem Urtheilsbuch des geistlichen Gerichts zu Augsburg, mitgetheilt in Dove's Zeitschrift für Kirchen-Recht. Bd. 10.

Urtheile in Ehesachen nun geltende Rechtskraft schafft neues, formales Recht und eine Wiederaufnahme des Verfahrens in Ehesachen ist nach einmal eingetretener Rechtskraft unzulässig.[1])

In einer Hinsicht ist die Rechtskraft der Urtheile in Ehesachen in ihren Wirkungen von der Wirkung der Rechtskraft anderer Urtheile abweichend. Während nämlich sonst die Rechtskraft nur die Wirkung hat, daß dieselbe Sache, zwischen denselben Parteien bereits rechtskräftig verbeschieden, nicht neuerdings zum Gegenstand eines Prozesses unter den früheren Parteien gemacht werden kann, — ist die Wirkung der Rechtskraft in Ehesachen die, daß nicht blos derselbe, auf die nämliche Thatsache gestützte Ehetrennungsgrund von dem abgewiesenen Kläger nicht mehr als Klagegrund geltend gemacht werden kann, sondern daß sich der Kläger auch nicht auf neue Thatsachen berufen darf, welche er im früheren Prozesse geltend zu machen in der Lage gewesen wäre.[2]) Er kann demnach keinen ihm bis zum Schlusse des Vorprozesses bekannt gewordenen Klagegrund zum Gegenstand einer neuen Klage machen.[3])

Rechtsmittel.

Die Rechtsmittel in Eheprozessen sind dieselben, wie in anderen Prozessen: Einspruch, Berufung, Revision. (Siehe hierüber „Einspruch", „Berufung", „Revision".)

Der Staatsanwalt kann Rechtsmittel nur im Falle einer Ehe-Nichtigkeitsklage einlegen.[4])

Rechtsquellen.

Als maßgebende Rechtsquellen für das Eherecht im Gebiete des bayerischen und preußischen Landrechts kommen in Betracht:

1) Das Gesetz vom 6. Februar 1875 über die Beurkundung des Personenstandes und die bürgerliche Eheschließung;

---

[1]) CPO. § 541 ff.
[2]) § 576 der CPO.
[3]) Ibid. § 574.
[4]) § 589 der CPO.

2) die k. bayer. Verordnung vom 15. Dezember 1875, das Dispensationsrecht in Ehesachen betreffend;
3) das bayerische Landrecht;
4) das allgemeine preußische Landrecht;
5) das canonische Recht;
6) das gemeine protestantische Eherecht;
7) das Gesetz vom 2. Mai 1868 über die Rechtsverhältnisse der Dissidenten;
8) das Gesetz vom 16. April 1868 über Heimat, Verehelichung und Aufenthalt;
9) das Gesetz vom 29. Juni 1851, die bürgerlichen Rechte der israelitischen Glaubensgenossen betreffend;
10) die Verordnung vom 2. Mai 1806 über Verlöbnisse;
11) das mosaisch-rabbinische Civilrecht.

Ueber den Umfang der Wirkung der einzelnen obigen Gesetze ist zu bemerken:

In erster Linie ist für die Beurtheilung der materiellen Voraussetzungen der Eheschließung (ebenso wie für die Form der Eheschließung) maßgebend das deutsche Reichs-Civilehegesetz. Alle übrigen Gesetze kommen nur insoweit zur Anwendung, als ihnen das Civilehegesetz ausdrücklich fortbestehende Kraft einräumt, oder deren Geltung unabhängig vom Civilehegesetz auf Grund der Reichsverfassung außer Zweifel ist.

Das Letztere ist der Fall bezüglich der Bestimmungen des bayerischen Gesetzes vom 16. April 1868 über Heimat, Verehelichung und Aufenthalt, soweit solche sich auf die Heimats- und Niederlassungsverhältnisse beziehen. Ausnahmsweise fortbestehende Kraft ist im Reichs-Civilehegesetze ausdrücklich eingeräumt den landesgesetzlichen Vorschriften bezüglich einzelner Erfordernisse der Eheschließung, welche die Willens- und Vertragsfreiheit betreffen, nämlich jener landesgesetzlichen Bestimmungen, welche den Einfluß des Zwangs, Irrthums und Betruges auf die Giltigkeit der Ehe regeln (§ 36, Abs. 2 des Civil-Ehegesetzes); ebenso sind hinsichtlich der rechtlichen Folgen einer gegen die reichsgesetzlichen Bestimmungen über die Erfordernisse der Eheschließung geschlossenen Ehe die Landesgesetze als maßgebend erklärt (§ 36 Abs. 1 des Civil-Ehegesetzes).

In Folge dessen muß im Gebiete des bayerischen Landrechts und des preußischen Landrechts in beiden eben erwähnten Richtungen auf diese Partikularrechte zurückgegriffen werden. Was nun das preußische Landrecht betrifft, so hat es die eherechtlichen Verhältnisse ihrem ganzen Umfange nach und mit Verbindlichkeit für alle Unterthanen ohne Unterschied der Religion unter Ausschluß kirchlicher Satzungen selbständig geregelt.

Das bayerische Landrecht enthält dagegen eherechtliche Bestimmungen mit verbindlicher Kraft nur in Ansehung der seinem Rechtsgebiete unterworfenen Katholiken, und schließt dasselbe in Bezug auf diese sich ganz den Vorschriften des canonischen Rechtes an; hinsichtlich der eherechtlichen Verhältnisse der im Gebiete des bayerischen Landrechts lebenden Protestanten kommt das vom Landrechte als subsidiär geltend anerkannte gemeine Recht zur Anwendung.

Die gemeinrechtlichen Bestimmungen, wie sie sich bezüglich der ehelichen Verhältnisse der Protestanten seit der Reformation gestaltet haben, finden ferner Anwendung auf Personen, welche keiner im Staate anerkannten Religionsgesellschaft angehören (Dissidenten).

Außer der nach dem Bisherigen den landesgesetzlichen Vorschriften durch den § 36 des Civilehegesetzes eingeräumten Fortdauer kommen dieselben noch in Betracht:

1) bezüglich der Frage, inwiefern bei Verehelichung Minderjähriger die Wirksamkeit einer Vormundschaftsbehörde oder eines Familienrathes stattfindet;
2) bezüglich der Frage, ob Militärpersonen, Beamte, Ausländer einer besonderen Erlaubniß zur Verehelichung bedürfen, dann, ob bei wiederholter Verehelichung vor der Eheschließung eine Nachweisung, Auseinandersetzung oder Sicherstellung des Vermögens erforderlich ist. Die übrigen Bestimmungen der Landesgesetze über die Eheschließung sind durch den § 39 des Reichs-Civilehegesetzes ausdrücklich für erloschen erklärt.

Religionsveränderung.

Diese bildet keinen selbstständigen Ehescheidungsgrund für diejenigen bayerischen Staatsangehörigen, deren Ehen nach dem preußischen Landrechte zu beurtheilen sind. Denn dieses Recht stellt den Satz auf: [1])

---

[1]) Allg. preuß. LR. § 715.

Insofern der Unterschied der Religion von Anfang an ein Ehehinderniß ist, gibt ein Ehegatte durch Veränderung seiner Religion dem Andern rechtmäßigen Anlaß, auf Scheidung zu klagen.

Nun begründet aber nach dem Civil-Ehegesetz Religionsverschiedenheit kein Hinderniß des Eheabschlusses mehr und kann daher auf die spätere Religionsänderung keinen gesetzlichen Scheidungsgrund abgeben, wohl aber kann sie zu unüberwindlicher Abneigung Anlaß geben. (Vergl. „Unüberwindliche Abneigung.")

Anders im canonischen Rechte, welches für die im Gebiete des bayerischen Landrechts lebenden Katholiken zur Anwendung kommt. Nach dem canonischen Recht berechtigt der „Abfall vom Glauben", d. h. die Religionsveränderung, den gläubig gebliebenen Theil, Trennung auf unbestimmte Zeit, d. h. auf so lange als die Scheidungsursache dauert, zu begehren. [1])

Im gemeinen protestantischen Kirchenrecht ist die herrschende Rechtsanschauung ursprünglich in diesem Punkt dem canonischen Rechte gefolgt; dies hat sich aber allmälig geändert und hat sich die Praxis namentlich im gegenwärtigen Jahrhundert im Einklange mit manchen Landesgesetzgebungen analog dem oben erwähnten Grundsatze des preußischen Landrechts gestaltet. [2])

Hienach ist anzunehmen, daß auch in Ansehung der im Gebiete des bayerischen Landrechts lebenden Protestanten und Dissidenten die Religionsänderung keinen selbstständigen Scheidungsgrund mehr bildet. [3])

Religionsverschiedenheit.

Diese kam früher fast allgemein als Ehehinderniß in Betracht in dem Sinne, daß die Ehe zwischen Getauften und Ungetauften, d. h. zwischen Christen und Juden oder Heiden, als verboten erklärt war.

In der ersten Hälfte des gegenwärtigen Jahrhunderts haben eine Reihe von Landesgesetzgebungen dieses Ehehinderniß für ihr Gebiet beseitigt. Seit dem Erlaß des

---

1) Permaneder, KR. § 422.
2) Dieß folgere ich aus Richter, KR. § 275 und 286.
3) Vgl. übrigens „Unüberwindliche Abneigung".

Civil-Ehegesetzes vom 6. Februar 1875 ist dasselbe für das ganze deutsche Reichsgebiet aufgehoben. [1])

Remission. (Siehe „Verzeihung".)

Respectus parentelae. (Gleich „Blutsverwandtschaft". Siehe oben.)

Revision.

Die Revision, das Rechtsmittel zur Anfechtung der in der Berufungsinstanz von den Oberlandesgerichten erlassenen Endurtheile, [2]) ist in Ehesachen unbedingt zulässig, da in denselben vermögensrechtliche Ansprüche nicht (wenigstens nicht in erster und hauptsächlichster Linie) in Frage stehen. [3])

Für das Verfahren in Ehesachen in der Revisionsinstanz gelten keine von den Vorschriften für das gewöhnliche Verfahren abweichenden Bestimmungen.

Rückkehrsbefehl, auch Befehl zur Wiederherstellung des ehelichen Lebens genannt. Zur Erlassung desselben ist das Amtsgericht des Wohnsitzes der Eheleute zuständig. [4])

Ohne Unterschied der in Betracht kommenden Eherechte, d. h. gleichgiltig, ob das auf den Fall anzuwendende materielle Eherecht die Einrichtung des Rückkehrsbefehls kennt oder nicht — ist in Bayern gemäß neugeschaffenen Rechts [5]) vor der Ehescheidungsklage immer ein Rückkehrsbefehl zu erwirken, wenn wegen böslicher Verlassung geklagt werden will und der Aufenthalt des schuldigen Theils unbekannt ist.

Der Rückkehrsbefehl besteht in diesem Fall in einer öffentlichen Aufforderung zur Rückkehr, welche Aufforderung das Amtsgericht auf Antrag des verlassenen Ehetheils erläßt. Die Aufforderung darf erst erlassen werden, wenn von dem Zeitpunkte der Entfernung sechs Monate verstrichen sind. Die Ehescheidungsklage darf erst erhoben werden, wenn von dem Datum des Blattes,

---

[1]) § 33 u. 39 des CEG. Ueber geschichtliche Entwickelung und allmähliges Verschwinden dieses Hindernisses siehe Richter KR. § 275.

[2]) CPO. § 507.

[3]) Ibid. § 508.

[4]) Bayer. Ausf.-Ges. z. CPO. Art. 69.

[5]) Ibid. Art. 90.

in welchem die Aufforderung zuletzt erfolgt ist, weitere 6 Monate abgelaufen sind.

Die Bekanntmachung der Aufforderung zur Rückkehr wird durch den Gerichtsschreiber von Amtswegen besorgt. Sie erfolgt durch Anheftung an der Gerichtstafel und durch einmalige Einrückung in zwei von dem Gerichte mit Rücksicht auf den mit der öffentlichen Aufforderung verbundenen Zweck zu bestimmende öffentliche Blätter. Das Gericht kann, wenn es die besonderen Umstände des Falles erheischen, anordnen, daß die Veröffentlichung wiederholt oder noch in mehr als zwei öffentliche Blätter eingerückt werde.

Ist der Aufenthalt des an der Verlassung schuldigen Theils bekannt, so ist im Gebiete des bayerischen Landrechts in Ehesachen der Katholiken die vorherige Erwirkung eines Rückkehrsbefehls vor der Einreichung der Scheidungsklage nicht vorgeschrieben, da das hier anzuwendende canonische Recht das Rückkehrsmandats-Verfahren nicht kennt, sondern direkten polizeilichen Zwang des an der Verlassung Schuldigen zur Rückkehr als Princip aufstellte, ein Princip, das früher sich leicht auch realisiren ließ, solange noch der Staat den Anordnungen der Kirchenbehörden seinen Arm zur Executive lieh. Zur Zeit dürfte es schwer halten, eine polizeiliche Hilfe zu bekommen gegen einen Ehegatten, welcher dem anderen Theile desertirte. Es bleibt dem Verlassenen nichts übrig, als die Scheidungsklage zu erheben, die er übrigens ohne Weiteres erheben kann. Für die Protestanten und Dissidenten im Gebiete des bayerischen Landrechts findet auch im Falle der Bekanntheit des Aufenthalts des an der Verlassung Schuldigen das nach den Bestimmungen des evangelischen Kirchen- und Eherechts erforderliche Rückkehrsmandatsverfahren statt. Der vom Amtsgericht zu erlassende Rückkehrsbefehl wird diesen Falls auf dem gewöhnlichen Wege zur Zustellung gebracht.

Im Gebiete des preußischen Landrechts ist — wie von jeher — für alle Confessionsangehörigen jederzeit Rückkehrsbefehl Voraussetzung der Klage wegen böslicher Verlassung. Neu für dieses Rechtsgebiet sind nur (zum Theil wenigstens) die Formalien, insoweit nämlich, als es sich um das oben beschriebene Ediktalverfahren bei

Aufenthaltsunbekanntheit des Deserenten handelt. Gegen den Rückkehrsbefehl ist jederzeit Beschwerde zulässig.[1])

Im Uebrigen siehe oben: „Bösliche Verlassung“.

Rücknahme der Klage.

Da für die Ehesachen in Bezug auf die Klagerücknahme (Abstand vom Prozesse) keine speciellen Bestimmungen in der Civilprozeßordnung getroffen sind, kommen die allgemeinen Prozeßgrundsätze zur Anwendung. Hienach ist die Rücknahme bis zur mündlichen Verhandlung ohne Einwilligung des Beklagten zulässig und bewirkt, daß der Prozeß als nicht anhängig geworden, die Verjährung als nicht unterbrochen gilt.[2])

Nach der mündlichen Verhandlung ist die Zurücknahme der Klage nur noch mit Einwilligung des Beklagten zulässig. Stimmt der Beklagte nicht zu, so ist auf Antrag des Beklagten die Klage abzuweisen, selbst wenn Kläger auf die Scheidung aus dem geltend gemachten Klagegrunde verzichtet.[3]) Bei stattgefundener Klagerücknahme kann dem Kläger, soferne nicht die Rücknahme der Klage wegen in Mitte liegender Verzeihung erfolgte, die weitere Rechtsverfolgung aus dem früher geltend gemachten Scheidungsgrunde nicht versagt werden.

Rügefrist. Siehe hierüber unter „Verzeihung“.

S.

Sävitien. Siehe „Thätlichkeiten“.

Schadloshaltung des Unschuldigen bei ungiltiger Ehe.

Ist eine Ehe als ungiltig oder als nichtig erklärt worden und es hat erwiesenermaßen die Nichtigkeit oder die Ungiltigkeit nur einer der Ehegatten verschuldet (z. B. durch Betrug, Zwang 2c.), so hat der unschuldige Theil nach preußischem Landrechte Anspruch gegen den Schul-

---

1) Bayer. Ausf.-Gesetz z. CPO. Art. 91.
2) CPO. § 243.
3) Ibid. § 277.

digen auf eine dem höchsten Satze der Ehescheidungsstrafe gleichkommende Schadloshaltung.[1])

Das bayerische Landrecht spricht dem Unschuldigen einen Kindstheil oder beim Mangel an Kindern den vierten Theil von des schuldigen Theiles sämmtlichem Vermögen[2]) als Schadloshaltung zu.

Schamloses Verhalten

eines Ehetheils gibt dem anderen Theile an sich kein Recht, Scheidung zu begehren. Es kann aber dasselbe je nach Lage der Umstände von beweisbehelflicher Wirkung sein im Ehebruchsprozesse, wo ohne strikten Beweis des wirklichen Ehebruches schon der dringende Verdacht desselben als Scheidungsursache wirkt. Auch kann fortdauernde schamlose Aufführung der Grund zu einer unüberwindlichen Abneigung sein und insoferne mittelbar für eine auf den letzteren selbstständigen Ehescheidungsgrund gestützte Klage als relevante Klagebehauptung verwerthet werden.

Scheidung. Siehe oben „Ehescheidung".

Schimpfliche Gewerbe.

Das preußische Landrecht hat den „Betrieb eines schimpflichen Gewerbes" als einen selbstständigen Ehescheidungsgrund aufgestellt.[3])

W. Peters[4]) erachtet diesen Ehescheidungsgrund als durch die neuere Gesetzgebung aufgehoben. Dies mag, was die selbstständige Form dieses Scheidungsgrundes betrifft, zutreffen. Zur Substanzirung einer Klage aus dem Gesichtspunkte der unüberwindlichen Abneigung aber ist die Behauptung, der eine Ehetheil habe nach Eingehung der Ehe ein schimpfliches Gewerbe (z. B. eine Bordellwirthschaft) eröffnet, sicher nach wie vor von Relevanz.

Schuldfrage.

Die Feststellung, welcher von den Ehegatten als der an der Trennung der Ehe schuldige Theil erscheint, ist

---

1) Allg. preuß. LR. § 960 ff.
2) Bayer. LR. Thl. I. c. VI. § 45, Ziff. 2.
3) Allg. preuß. LR. II. 1. § 707.
4) W. Peters, Ehescheidung, § 19 a. E.

mit der Verhandlung und Entscheidung über die Ehescheidungsklage gleichzeitig zu bethätigen [1]) und in die Urtheilsformel aufzunehmen. [2])

Schuldiger Theil.

Die Frage, wer der an der Ehescheidung schuldige Theil sei, ist für die Vermögensauseinandersetzung von Belang. Die Trennung einer Ehe kann erfolgen aus alleinigem Verschulden eines der Ehegatten, aus beiderseitigem gleichen Verschulden derselben, aus überwiegendem Verschulden des einen Ehegatten, endlich ohne Verschulden der Eheleute. Gleich schwere Ehescheidungsgründe auf beiden Seiten bewirken eine Compensation der beiderseitigen Schuld und ist in solchem Falle bei der vermögensrechtlichen Auseinandersetzung geradeso zu verfahren, als wäre keiner der Ehegatten an der Trennung Schuld.

Sind zwar beide Theile schuldig, der eine Theil aber überwiegend, so wird letzterer geradeso behandelt, als wäre er der allein schuldige Theil. Ohne beiderseitiges Verschulden kann Ehetrennung stattfinden, falls Eheleute in Unkenntniß eines trennenden Ehehindernisses (Blutsverwandtschaft, Bigamie rc.) geheirathet haben, oder falls ein Ehescheidungsgrund im engeren Sinne durch ein Unglück herbeigeführt wurde, z. B. unverschuldetes geschlechtliches Unvermögen, Raserei, Wahnsinn.

Welche vermögensrechtlichen Nachtheile die alleinige oder überwiegende Schuld des einen Ehegatten nach sich zieht, darüber siehe oben unter „Ehescheidungsstrafen" und „Schadloshaltung".

Schwägerschaft.

Als Ehehinderniß galt von jeher auch die Schwägerschaft, welche im weiteren Sinne sowohl die Schwieger- als die Stief-Verbindung umfaßt, indem unter ihr das aus dem Beischlaf zweier Personen — zwischen deren einer und den Blutsverwandten der anderen — entstehende Verhältniß verstanden wird. [3])

---

[1]) Motive z. CPO. §§ 574—576.

[2]) W. Peters, die Ehescheidung im Geltgsber. des preuß. Landrechts § 9.

[3]) Permaneder, KR. § 396. Richter KR. § 272.

Das canonische Eherecht erklärte die Schwägerschaft als Ehehinderniß in der geraden Linie durch alle Grade, in der Seitenlinie aber für die vier nächsten Grade, sofern die Schwägerschaft auf Grund ehelicher, für die zwei nächsten Grade dagegen, soferne sie auf Grund außerehelicher Geschlechtsverbindung entstanden war.

Das gemeine protestantische Kirchenrecht [1]) und das bayerische Landrecht [2]) haben sich in dieser Beziehung dem canonischen Rechte angeschlossen, das preußische Landrecht [3]) beschränkte das Ehehinderniß der Schwägerschaft auf die sämmtlichen Grade in der geraden, dann auf den I. Grad der Seitenlinie und im II. Grade dieser Linie auf die bereits oben bei der Blutsverwandtschaft erwähnten Personen, erkannte ferner ein Ehehinderniß aus außerehelicher Schwägerschaft überhaupt nicht an.

Das Reichs-Civilehegesetz hat im Anschlusse an den § 173 des Reichs-Strafgesetzbuches, ohne einen Unterschied zu machen zwischen ehelicher oder außerehelicher Schwägerschaft, ferner ohne Rücksicht darauf, ob die Ehe, durch welche die Stief- oder Schwiegerverbindung begründet wird, noch besteht oder nicht, die Ehe zwischen Stiefeltern und Stiefkindern, Schwiegereltern und Schwiegerkindern, dann zwischen voll- und halbbürtigen Geschwistern verboten. [4])

Die weitergehenden Verbote des bayerischen und preußischen Landrechts sind hienach außer Kraft gesetzt, dagegen ist für das Gebiet des preußischen Landrechts das Eheverbot aus außerehelicher Schwägerschaft zu den bereits bestehenden übrigen Verboten neu hinzugekommen.

Die Folge einer unter Mißachtung des Ehehindernisses der Schwägerschaft geschlossenen christlichen Ehe ist im Gebiete des bayerischen wie preußischen Landrechts deren Nichtigkeit. [5])

---

[1]) Permaneder l. c.
[2]) Bayer. LR. Thl. I. c. 6. § 9. Nr. 4.
[3]) Allg. preuß. LR. Thl. II. Tit. 1. § 43.
[4]) CEG. § 33. Z. 2 u. 3.
[5]) Bayer. LR. Thl. I. c. 6. § 6 u. 9; Allg. preuß. LR. Thl. II. Tit. 1. § 945, 947.

Schwängerung unter dem Versprechen der Ehe.

Ist eine Frauensperson unter dem Versprechen der Ehe geschwängert worden, so ist, was die Rechtsfolgen betrifft, ein Unterschied zwischen dem Falle der Schwängerung unter dem einfachen, formlosen Versprechen künftiger Ehelichung [1]) und dem Falle der Schwängerung nach Abschluß eines förmlichen Verlöbniß-Vertrages (Verlobung).

Diejenige Frauensperson, welche im Vertrauen auf eine einfache, formlose Zusicherung der künftigen Ehelichung gefallen ist, kann außer den landrechtlichen Ansprüchen auf Anerkennung der Vaterschaft, Alimentation des Kindes und Entschädigung für die Einbuße der Jungfrauschaft, dann für die Kindbettkosten nichts weiter fordern.

Was aber Rechtens ist im Falle des Vorliegens eines Verlobungs-Vertrages, darüber siehe unter „Verlöbniß“.

Schwiegereltern. | (Siehe „Schwägerschaft“.)
Schwiegerkinder. |

Sittlichkeitszeugniß der zurückkehrenden Frau. (Siehe „Bösliche Verlassung“.)

Sodomiterei (widernatürliche Wollust, mit Thieren verübt) ist dem Ehebruche gleich gestellt, berechtigt demnach, Trennung der Ehe dem Bande nach zu begehren. (Sie oben „Ehebruch“.)

Sponsalien. (Siehe „Verlöbniß“.)

Staatsanwaltschaft.

In Ehesachen ist die Staatsanwaltschaft zur Mitwirkung befugt. [2]) Der Staatsanwalt kann allen Verhandlungen beiwohnen und ist von allen Terminen von Amtswegen in Kenntniß zu setzen. Derselbe hat das Recht, sich gutachtlich zu äußern und, soweit es sich um Aufrechthaltung einer Ehe handelt, neue Thatsachen und Beweismittel vorzubringen.

Im Sitzungsprotokoll ist der Name des der Sitzung anwohnenden Staatsanwalts anzugeben und sind etwa von ihm gestellte Anträge in das Protokoll aufzunehmen.

---

[1]) s. g. Winkelverlöbniß.
[2]) CPO. § 569.

Rechtsmittel einzulegen ist der Staatsanwalt nur im Falle einer Nichtigkeitsklage befugt[1]), in welchem Falle er überhaupt den ganzen Prozeßbetrieb selbstständig übernehmen, also förmlich als Streitspartei auftreten kann.[2])

Unterliegt der Staatsanwalt, welcher als selbstständige Prozeßpartei in einer Nichtigkeitsklage auftrat, im Prozesse, so ist die Staatskasse zur Prozeßkostenerstattung zu verurtheilen.[3])

Staatsdiener.

Staatsdiener müssen zu ihrer Verehelichung die „dienstliche Bewilligung ihrer vorgesetzten Behörde" einholen.[4])

Eine den Bestand der Ehe erschütternde Wirkung hat die Mißachtung dieser Vorschrift nicht[5]); wohl aber ziehen Zuwiderhandelnde sich disciplinäre Ahndung und Nachtheile zu.[6])

Standesbeamte.

Der Standesbeamte ist das vom Staate bestellte Organ, vor welchem in Gegenwart von zwei Zeugen der Abschluß der Ehe zu erklären und durch welchen der erfolgte Eheabschluß zu proklamiren und urkundlich zu machen ist.[7])

Der Standesbeamte ist mit Einführung der Civil-Ehe an die Stelle des Geistlichen getreten. Die kirchliche Trauung hat nur noch vom religiösen Standpunkte der Brautleute aus Werth, eine rechtlich relevante Bedeutung wohnt ihr nicht mehr inne. Deshalb würde eine nur kirchlich geschlossene Ehe null und nichtig sein, während eine nur vor dem Standesbeamten erklärte Ehe vollgiltig ist. (Siehe auch „Copulation".)

---

1) Ibid. § 589.
2) Ibid. §§ 586, 589, 590.
3) Ibid. § 591.
4) CEG. § 38; bayer. Gesetz über Heimat, Verehelichung und Aufenthalt Art. 34, Ziff. 3.
5) CEG. § 38.
6) Z. B. Verlust des Anspruches der Frau und Kinder auf Pension 2c. Näheres ergibt sich aus den einzelnen Dienstespragmatiken.
7) CEG. § 41 u. 52.

Zuständig ist jeder Standesbeamte, in dessen Bezirk einer der Verlobten seinen Wohnsitz oder gewöhnlichen Aufenthalt hat.[1] Der zuständige Standesbeamte ist berechtigt, durch eine schriftliche Ermächtigung dem Standesbeamten eines anderen Ortes die Befugniß zur Eheschließung zu übertragen.[2]

Der Mangel der Zuständigkeit des Standesbeamten, vor welchem eine Ehe abgeschlossen wurde, gibt keinen Grund zur Anfechtung der den sonstigen gesetzlichen Erfordernissen entsprechenden Ehe, wohl aber zur Strafeinschreitung gegen den Standesbeamten.[3]

Die Zuständigkeiten und Obliegenheiten des Standesbeamten in Ansehung des Aufgebots greifen in Bayern nicht Platz. (Siehe „Aufgebot".)

Kommen Ehehindernisse zur Kenntniß des Standesbeamten, so hat er die Eheschließung abzulehnen.[4]

Standes-Unterschied.

Die Ungleichheit des Standes (adelig und bürgerlich ꝛc.) bildet kein Ehehinderniß mehr.[5] (Vergl. auch oben „Ehehindernisse".)

Stiefgeschwister. (Siehe „Schwägerschaft".)

Stiftungsdiener.

Stiftungsdiener, deren Anstellung dem Staat oder einer Staatsbehörde zusteht, bedürfen zur Verehelichung der dienstlichen Bewilligung nach Maßgabe der bestehenden Dienstesvorschriften.[6] (Vergl. auch „Staatsdiener".)

Strafantritt. (Siehe „Verbrechen".)

Strafverbüßung.

Während der Strafverbüßung läuft keine Rügefrist. (Näheres siehe unter „Verzeihung".)

Sühneversuch.

Zur Verhandlung über eine Ehescheidungsklage oder über eine Klage auf Herstellung des ehe-

---

[1] Ibid. § 42.
[2] Ibid. § 43.
[3] Ibid. § 42 u. 69.
[4] Ibid. § 48.
[5] CEG. § 39, dann §§ 28 bis mit 35.
[6] Bayer. Gesetz über Heimat, Verehelichung und Aufenthalt. Art. 34. Ziff. 3.

lichen Lebens [1]) darf erst Termin angesetzt werden, wenn den Vorschriften über den Sühneversuch genügt ist. [2])

Der Kläger hat beim Amtsgerichte, bei welchem der Ehemann seinen allgemeinen Gerichtsstand hat, die Anberaumung eines Sühnetermins zu beantragen und zu diesem Termine den Beklagten zu laden.

Durch die Zustellung der Ladung zum Sühnetermin wird die Verjährung unterbrochen. [3])

Die Parteien müssen in dem Sühnetermine persönlich erscheinen; Beistände können zurückgewiesen werden.

Erscheint der Kläger nicht oder erscheinen beide Parteien im Sühnetermine nicht, so verliert die Ladung ihre Wirkung. Erscheint der Kläger, aber nicht der Beklagte, so gilt der Sühneversuch als mißlungen. [4])

Die Formalität des Sühneversuchs kann erlassen werden durch Beschluß des Vorsitzenden des Landgerichts, wenn nach dem Ermessen des Vorsitzenden des genannten Gerichts der Aufenthalt des Beklagten als unbekannt oder als im Auslande befindlich zu betrachten, oder ein anderes schwer zu beseitigendes, nicht vom Kläger verschuldetes Hinderniß als dem Sühneversuch entgegenstehend anzunehmen oder die Erfolglosigkeit des Sühneversuchs mit Bestimmtheit vorauszusehen ist. [5])

Gegen den Beschluß des Vorsitzenden des Landgerichts, welcher die nachgesuchte Erlassung des Sühneversuchs ablehnt, ist Beschwerde zum Oberlandesgericht zulässig, [6]) da der Beschluß gesetzlicher Bestimmung gemäß ohne vorgängiges Gehör des Beklagten zu erlassen ist. [7])

Der Zuziehung der Staatsanwaltschaft zum Sühneversuch bedarf es nicht, also auch keiner Verständigung derselben vom Sühnetermine. [8])

---

[1]) Zur Anstellung der Ungiltigkeits- und Nichtigkeitsklage bedarf es keines Sühneversuchs.

[2]) CPO. § 570. [3]) Ibid. § 571.

[4]) Ibid. § 572. [5]) Ibid. § 573.

[6]) Ibid. § 530.

[7]) Ibid. § 573. Abs. 2.

[8]) Dieß folgt aus Civilprozeßordnung § 569 und daraus, daß nach § 568 der CPO. nur Rechtsstreitigkeiten, welche die Trennung 2c. der Ehe zum Gegenstande haben, als Ehesachen erscheinen, beim Sühneversuch aber ein Rechtsstreit noch gar nicht anhängig ist. Peters, Ehescheidung. § 5.

T.

Tante.

Ueber das aufgehobene Verbot der Ehe zwischen Tante und Neffe siehe unter „Neffe".

Tempus clausum.

Die sogenannte heilige oder geschlossene Zeit (Advent und Fastenzeit) galt vor Einführung der Civilehe als aufschiebendes Ehehinderniß für die Katholiken im Gebiete des bayerischen Landrechts. (Siehe oben „Ehehindernisse".)

Thätlichkeiten.

Lebens- oder gesundheitsgefährdende Thätlichkeiten, wozu auch thätliche Drohungen gehören, sind im Gebiete des preußischen Landrechts allgemein giltige, zu den schwer wiegenden zu rechnende Ehescheidungsgründe, auf Grund deren Trennung der Ehe dem Bande nach verlangt werden kann. [1])

Im Gebiete des bayerischen Landrechts ist zu unterscheiden, ob es sich um die Scheidungsklage eines Katholiken oder um die Klage eines Protestanten oder Dissidenten handelt.

Das auf die Scheidungsklage der Katholiken anzuwendende katholische Eherecht läßt wegen Thätlichkeiten jeder Art nur zeitweilige Scheidung zu. [2])

Das auf Scheidungsklagen der Protestanten und Dissidenten anzuwendende protestantische Eherecht läßt definitive Scheidung dann zu, wenn der eine Ehegatte gegen den anderen solche Thätlichkeiten verübt, welche dessen Leben oder Gesundheit in augenscheinlicher Weise gefährden. Bei leichteren Thätlichkeiten tritt zeitweise Scheidung ein.

Damit das Gericht in der Lage ist, die Schwere der Thätlichkeiten zu prüfen, müssen in der Klage die

---

[1]) Allg. preuß. LR. II. 1. § 699 u. 748.
[2]) Bayer. LR. Thl. I. c. VI. § 42. Nr. 4.

Thätlichkeiten einzeln nach Art, Zeit und Ort angeführt werden.

Als absolut gefährliche Thätlichkeiten erscheinen nach der bisherigen Praxis der Gerichte:

Handlungen, welche eine Erstickung herbeizuführen geeignet sind, Fußstöße auf die Geschlechtstheile des Mannes, Mißhandlungen gegen die Brust der Ehefrau, namentlich Bisse in dieselbe, Verwundungen in der Nähe des Auges, Stöße gegen die Brust der Frau, Würfe mit harten Körpern ꝛc. gegen den Kopf, zu oft wiederholte Beiwohnung des Mannes, gepaart mit widernatürlicher, einen bleibenden Nachtheil an der Gesundheit involvirender Art des Benehmens hiebei.

Als relativ gefährlich werden erachtet: Schläge ins Gesicht, leichteres Würgen am Hals, Faustschläge auf den Kopf, z. B. wenn solche leichtere Thätlichkeiten an hochschwangeren Frauen verübt werden.

Als unzulänglich zur Begründung einer Klage auf definitive Scheidung werden angesehen: Faustschläge auf den Rücken, das bloße Packen am Arm und Herumzerren, das Schlagen mit einem spanischen Rohr, das Herumzerren an den Haaren, das Prügeln mit Fäusten — es sei denn, daß außerdem besondere Umstände angeführt werden, aus denen die etwaige Gefahr für Leben und Gesundheit abzuleiten ist.

Daß ein wirklicher Erfolg eingetreten ist, ist nicht erforderlich, ebensowenig eine auf die Gefährdung gerichtete Absicht, ebensowenig eine Mehrheit von Thätlichkeiten.

Was die den gefährlichen Thätlichkeiten gleichgestellten gefährlichen Drohungen betrifft, so genügen nicht solche Drohungen, welche in leeren Worten ohne begleitende Handlungen bestehen. Relevant dagegen erscheint z. B. die Behauptung, daß der Beklagte mit dem Messer auf den klagenden Theil losging und mit dem Erstechen oder mit geladener Schießwaffe in der Hand mit dem Erschießen drohte ꝛc. ꝛc. [1])

Für die Ehen der Katholiken im Gebiete des bayerischen Landrechts ist übrigens obige Unterscheidung

---

[1]) Bei obiger Spezialisirung der einzelnen Fälle folgte ich den in der Glück'schen Sammlung angeführten gerichtlichen Entscheidungen.

zwischen gefährlichen und leichteren Thätlichkeiten und Drohungen ziemlich belanglos, da das katholische Eherecht im einen wie im anderen Falle nur zeitweilige Scheidung zuläßt, wie bereits oben erwähnt.

Todeserklärung.

Ueber Wiederverheiratung nach erfolgter Todeserklärung siehe oben unter „Bigamie".

Trauerzeit des Wittwers.

Das preußische Landrecht bestimmte für den Wittwer als aufschiebendes Ehehinderniß eine sechswöchentliche Trauerzeit. [1])

Dieses Ehehinderniß ist im Civil-Ehegesetz nicht enthalten, also aufgehoben. [2])

Trauerzeit der Wittwe. (Siehe „Wartezeit".)

Trauung, priesterliche. (Siehe „Copulation".) Civile Trauung. (Siehe „Form der Eheschließung".)

Trauungszeugniß.

Ueber die erfolgte Eheschließung ist den Eheleuten von Amtswegen sofort eine Bescheinigung auszustellen. [3]) Dieselbe ist gebührenfrei.

U.

Ueberwiegende Schuld. (Siehe „Schuldiger Theil".)

Uneheliche Kinder

bedürfen, so lange der Sohn das 25., die Tochter das 24. Lebensjahr nicht zurückgelegt, zu ihrer Verehelichung der Einwilligung der Mutter und, so lange sie minderjährig sind, auch des Vormunds. [4]) (Vergl. oben „Elterliche Einwilligung".)

Unerlaubter Umgang.

Das preußische Landrecht bestimmt, daß

„ein unerlaubter Umgang, wodurch eine dringende

---

[1]) Allg. preuß. LR. II. 1. § 24.
[2]) CEG. § 39.
[3]) CEG. § 54.
[4]) CEG. § 30 u. 29.

Vermuthung der verletzten ehelichen Treue begründet wird,

dem wirklichen Ehebruche gleich zu erachten sei.[1])

Dieß hat vielfach zu der Anschauung geführt, daß hiedurch ein selbstständiger Ehescheidungsgrund eingeführt sei, der auch nicht einmal durch den Beweis des nicht consumirten Beischlafes beseitigt werden könne.

Dieß ist aber falsch. Die betreffende Gesetzesstelle erleichtert nur durch Aufstellung einer Fiktion die Führung des meist sehr schwierigen Beweises des wirklichen Ehebruches.[2])

Dieselbe Fiktion zur Erleichterung des Beweises hat im Einklang mit dem canonischen Rechte auch das bayer. Landrecht zugelassen, indem auch letzteres Recht keinen strikten Beweis fordert, sondern schon beim Vorhandensein „starker indicia", d. h. einer dringenden Vermuthung, Ehebruch als gegeben annimmt.[3])

Selbstverständliche Folge der fiktiven Natur dieser Bestimmungen ist, daß Gegenbeweis zulässig ist, und daß die gesetzliche Vermuthung keine Anwendung findet, wenn thatsächlich erwiesen ist, daß ein Ehebruch nicht stattgefunden hat.

Vgl. oben „Ehebruch als Ehescheidungsgrund".

Ungläubige.

Das canonische Recht stellt den Satz auf:

Wenn von zwei ungläubigen Eheleuten, z. B. Juden &c. der eine sich dem Christenthum zuwendet, der andere aber nicht zu bewegen ist, ihm friedlich beizuwohnen und ihn in seinem Glauben unangetastet zu lassen, so kann der erstere sich nach einer fruchtlos erfolgten förmlichen Interpellation weiter verheirathen.[4])

Dieser Satz steht mit dem deutschen Reichsrecht in fraktem Widerspruche; nach letzterem Rechte müßte die weitere Eheschließung als eine bigamische und also öffentlich rüg- und strafbar erscheinen.

Ungleichheit des Standes.

Vgl. „Standesunterschied" und „Ehehindernisse".

---

[1]) Allg. preuß. LR. II. 1. § 673.

[2]) Reichsgerichts-Erkenntniß vom 20. November 1879.

[3]) Bayer. LR. Th. I c. 6 § 42.

[4]) Richter, KR. § 282.

Ungiltigkeit der Ehe. Siehe „Eheungiltigkeit“.

Ungiltigkeitsklage.

Ueber den Begriff siehe „Klage“.

Was das Verfahren betrifft, so gelten für die Ungiltigkeitsklage analog ganz dieselben Bestimmungen, wie für die Nichtigkeitsklage. (Vgl. „Nichtigkeitsklage“.) Der einzige Unterschied ist, daß die Ungiltigkeitsklage nicht vom Staatsanwalt erhoben und betrieben werden kann, sondern nur von den Ehegatten oder Dritten, privatrechtlich Interessirten.

Der Staatsanwalt hat in dem Ungiltigkeitsverfahren keine weiter gehende Befugniß als in dem Scheidungsverfahren.

Der Klageantrag ist dahin zu richten, „die Ehe als ungültig aufzuheben“.

Im Falle der Schuld des einen Gatten an Eingehung der ungültigen Ehe kann die Klagebitte dahin ausgedehnt werden, den betreffenden Ehetheil als den schuldigen Theil zu erklären. Die nur für das Gebiet des preußischen Landrechts belangreiche Frage, ob die Ungiltigkeitsklage auch gegen den Willen des minderjährigen Ehegatten von dessen gesetzlichem Vertreter erhoben werden kann, ist meines Erachtens zu bejahen.[1])

Unheilbare Gebrechen als Eheungiltigkeitsgrund.

Unheilbare, Eckel erregende, bei Eingehung der Ehe schon vorhanden gewesene und dem anderen Theile verschwiegene Gebrechen, z. B. Epilepsie, weißer Fluß, Venerie ꝛc., machen die Ehe nach protestantischem Kirchenrechte und nach dem preußischen Landrechte ungiltig. Vgl. oben „Irrthum“.

Das canonische Recht läßt diesen Ungiltigkeitsgrund nicht zu.[2])

Es ist nach den zuerst genannten Rechten auch zulässig, statt der Ungiltigkeitsklage die Scheidungsklage zu stellen.[3])

---

[1]) Derselben Anschauung ist Peters, Ehescheidung § 32. Anderer Ansicht ist Dernburg, preuß. Prov.=Recht. Bd. 3. § 14. Note 17. Nach bayer. Landrechte hört mit der Verehelichung die Vormundschaft auf. Vgl. „Vormund“.

[2]) Permaneder, KR. § 382.

[3]) Glück, Samml. Nr. 127.

Unheilbare Gebrechen als Ehescheidungsgrund.

Unheilbare, körperliche Gebrechen, welche Eckel und Abscheu erregen, berechtigen nach dem preußischen Landrechte und dem für die Protestanten und Dissidenten im Gebiete des bayerischen Landrechts maßgebenden gemeinen protestantischen Kirchenrechte, Scheidung der Ehe dem Bande nach zu begehren.[1])

Das für die im Gebiete des bayerischen Landrechts wohnenden Katholiken maßgebende canonische Recht läßt solcher Gebrechen halber nicht einmal zeitweilige Absonderung, geschweige denn gänzliche Scheidung zu.[2])

Nach den zuerst erwähnten laxeren Rechten ist es gleichgiltig,[3]) ob das Gebrechen ein selbstverschuldetes ist oder auf Unglück beruht. Die Frage der Verschuldung hat nach diesen Rechten nur Bedeutung in Ansehung des Ausspruches darüber, wer als der schuldige Theil zu erklären ist.

Unordentliche Lebensart.

Das für die Katholiken im Gebiete des bayerischen Landrechts maßgebende canonische Recht kennt diesen Ehescheidungsgrund nicht. Dagegen lassen das gemeine protestantische Kirchenrecht[4]) und das preußische Landrecht[5]) Scheidung wegen unordentlicher Lebensart zu und zwar Scheidung dem Bande nach. Beide Rechte setzen aber voraus, daß vorangegangene obrigkeitliche Maßregeln (Correktionsmittel) nichts gefruchtet haben, der schuldige Theil sich also unverbesserlich zeigt. Bezüglich der Art und Zahl der Besserungsversuche hat, da das Gesetz keine speciellen Vorschriften enthält, das richterliche Ermessen zu entscheiden und wird es in der Praxis als ausreichend erachtet, wenn nach zweimaliger Bestrafung oder Anmahnung neuerdings ein Rückfall erfolgt. Es wird übri-

---

[1]) Allg. preuß. LR. Thl. II. 1. 697; Richter, KR. § 283.

[2]) Permaneder, KR. § 422.

[3]) Im gemeinen protestantischen Kirchenrechte schwankt in diesem Punkte die Praxis in einigen Territorien. Glück zählt in seiner Sammlung Fälle auf, in denen nur beim Nachweis der Verschuldung Scheidung gewährt wurde, aber auch Fälle, in welchen auch wegen unverschuldet entstandener Gebrechen geschieden wurde. (Glück, Samml. 131 ff.)

[4]) Glück, Samml. Nr. 236 ff.

[5]) Allg. preuß. LR. II. 1. § 708—710.

gens im gemeinen protestantischen Eherecht in der Regel zunächst nur auf temporäre Scheidung und erst bei Fruchtlosigkeit auch dieser Maßregel auf vollständige Trennung der Ehe erkannt. Das preußische Landrecht hat als specielles Correktionsmittel, dessen fruchtlose Anwendung Voraussetzung der Scheidungsklage bildet, das Institut der Besserungsbefehls eingerichtet.

Dieses besteht darin, daß der ordentliche Gatte (bei dem Amtsgerichte des Wohnsitzes der Eheleute[1]) gegen den unordentlichen Ehetheil einen Befehl zur Besserung erwirkt und demselben dem unordentlichen Ehetheil zustellen läßt.

Als besonders häufige Erscheinungen unordentlicher Lebensart sind im preußischen Landrecht besonders hervorgehoben Trunkenheit und Verschwendung, ferner unordentliche Wirthschaft.

Unschuldiger Theil.

Ueber Abfindung des unschuldigen Theiles siehe „Ehescheidungsstrafen".

Unüberwindliche Abneigung.

Unüberwindliche Abneigung ist der dehnbarste Ehescheidungsgrund. Das für die Katholiken im Gebiete des bayerischen Landrechts maßgebende canonische Eherecht gewährt wegen unüberwindlicher Abneigung nur zeitweilige Trennung, keine Trennung der Ehe dem Bande nach.[2])

Auch im gemeinen protestantischen Kirchenrecht, welches auf die Ehesachen der Protestanten und Dissidenten, die im Gebiete des bayerischen Landrechts wohnen, Anwendung findet, ist es nicht ganz unbestritten, ob wegen unüberwindlicher Abneigung auf völlige Trennung des Bandes der Ehe geklagt werden kann.[3])

Doch kann ein Ueberwiegen derjenigen Praxis constatirt werden, welche vollständige Trennung der Ehe aus dem Grunde der unüberwindlichen Abneigung zuläßt.[4])

---

[1]) Bayer. Ausf.-Gesetz z. CPO. Art. 89.
[2]) Permaneder, KR. § 422.
[3]) Richter, KR. § 283.
[4]) Ibid. § 283. Anm. 26. Glück, Samml. Nr. 243 ff.

Das preußische Landrecht gewährt vollständige Trennung der Ehe wegen unüberwindlicher Abneigung und ist in der Auslegung und Dehnung des Begriffes derselben am weitesten von allen Rechten gegangen, indem es unter dem Grunde der unüberwindlichen Abneigung Scheidung ganz kinderloser Ehen bei gegenseitiger Einwilligung zuläßt, soferne nur die gegenseitige Einwilligung nicht auf Leichtsinn, Uebereilung oder auf heimlichem Zwang von der einen oder anderen Seite beruht. [1])

Unter ganz kinderlosen Ehen sind nicht nur solche zu verstehen, in welchen gar keine Kinder erzeugt wurden, sondern auch solche, in denen die darin erzeugten Kinder wieder verstorben sind. [2])

Während bei gegenseitiger Einwilligung im Falle einer kinderlosen Ehe die Ehescheidung ohne Weiteres, d. h. auf Grund der bloßen Behauptung, daß gegenseitige unüberwindliche Abneigung in Folge der Kinderlosigkeit bestehe und demnach beiderseits Trennung erwünscht sei, die Scheidung zugelassen wird, soll bei anderen Ehen, d. h. wenn entweder Kinder vorhanden sind oder wenn zwar Kinderlosigkeit vorliegt, aber nicht beide Gatten die Trennung wünschen, die Scheidung in der Regel nicht ausgesprochen werden, es sei denn, daß die behauptete Abneigung mit gesetzmäßigen Gründen unterstützt ist. [3])

Unter gesetzmäßigen Gründen sind solche zu verstehen, welche schon für sich allein als selbstständige Ehescheidungsgründe anerkannt sind.

Ausnahmsweise läßt das preußische Landrecht aber auch Scheidung zu auf Grund anderer Thatsachen, welche nach richterlichem Ermessen geeignet sind, einen so heftigen und tief eingewurzelten Widerwillen des einen Ehetheils gegen den andern zu erzeugen, daß zu einer Aussöhnung keine Hoffnung bleibt. [4])

Zu den anderweitigen (nicht schon an sich einen gesetzlichen Scheidungsgrund bildenden) Thatsachen kann

---

[1]) Allg. preuß. LR. Thl. II. 1. § 716.

[2]) Entscheid. des Obertribunals v. 25. Sept. 1837. Ziff. 338.

[3]) Allg. preuß. LR. Thl. II. 1. § 717.

[4]) l. c. § 718 a u. b.

unter Umständen auch die Veränderung der Religion zählen.[1])

In diesen Ausnahmefällen soll aber, wenn die Scheidung nicht gegenseitig verlangt wird, der dieselbe einseitig Suchende dem anderen die geringere Ehescheidungsstrafe ($^1/_6$ seines Vermögens) zu zahlen verurtheilt werden.[2])

Das gemeine protestantische Eherecht kennt die Ausdehnung der Scheidung wegen unüberwindlicher Abneigung auf die Fälle gegenseitiger Einwilligung nicht. Dagegen stimmt es mit dem preußischen Landrechte insofern überein, als es gleichfalls nicht blos Thatsachen, welche einen selbstständigen Ehescheidungsgrund enthalten, sondern auch andere erhebliche Ursachen als Scheidungsgrund anerkennt (z. B. Religionswechsel, vgl. oben). Diese anderweitigen erheblichen Thatsachen müssen derartige sein, daß sie die Ueberzeugung des Gerichts begründen, es sei unter den obwaltenden Umständen auf eine dem Zwecke der Ehe entsprechende gedeihliche Fortsetzung derselben nicht mehr zu hoffen.[3])

Viele Rechtslehrer halten dafür, daß vorgängige zeitweilige Scheidung von Tisch und Bett erforderlich und erst, wenn dieses Mittel zu keiner Versöhnung geführt hat, auf gänzliche Scheidung zu erkennen sei. Dieselben führen als Grund an, daß nach gemeinem Rechte aus dem Gesichtspunkte der unüberwindlichen Abneigung auf gänzliche Scheidung nur erkannt werden soll, wenn alle Mittel, den ehelichen Frieden wiederherzustellen, vergeblich versucht wurden; zu den Mitteln, welche zur Herstellung des ehelichen Friedens zu versuchen seien, gehöre aber insbesondere die zeitweilige Trennung von Tisch und Bett.[4])

Gleichwohl wird häufig ohne Weiteres auf gänzliche Scheidung erkannt, namentlich wenn schwer wiegende, schon für sich selbst als Ehescheidungsgründe erscheinende Thatsachen vorliegen und dem Gerichte die Ueberzeugung

---

[1]) Peters, Ehescheidung. § 22.
[2]) Allg. preuß. LR. II. 1. § 718 b.
[3]) Glück, Samml. Nr. 248.
[4]) Ibid. Nr. 246, 254, 255.

aufdringen, daß eine gedeihliche Fortsetzung des ehelichen Lebens unter keinem Umstande mehr denkbar sei.[1])

Die unüberwindliche Abneigung braucht keine gegenseitige zu sein.[2])

Auch auf früher bereits verziehene Vorgänge kann zur Motivirung der unüberwindlichen Abneigung zurückgegriffen werden, wenn neue Ursachen der Abneigung sich hinterher ergeben haben.[3])

Unverträglichkeit und Zanksucht.

Die Unverträglichkeit des einen Ehegatten gegenüber dem anderen, wenn selbe einen so hohen Grad erreicht hat, daß dadurch des andern Theiles Leben und Gesundheit in Gefahr gesetzt wird, ist nach protestantischem Eherechte ein Scheidungsgrund.[4])

Durch gegenseitige gleich große Unverträglichkeit wird Compensation herbeigeführt.

Das canonische Recht und das preußische Landrecht kennen die Unverträglichkeit und Zanksucht nicht als selbstständigen Scheidungsgrund. Zweifellos aber kann nach beiden Rechten eine Klage wegen unüberwindlicher Abneigung durch die Behauptung hochgradiger Unverträglichkeit des einen Ehegatten in relevanter Weise substanzirt werden. (Vergl. „Unüberwindliche Abneigung".)

Unvermögen, geschlechtliches, siehe „Impotenz" als Eheungiltigkeitsgrund und als Ehescheidungsgrund.

Urkunden.

In Ehesachen sind die Eideszuschiebung und der Antrag, dem Gegner die Vorlage einer Urkunde aufzugeben, unzulässig, soweit es sich um Thatsachen handelt, welche die Trennung, Ungiltigkeit oder Nichtigkeit einer Ehe begründen sollen.[5])

---

1) Ibid. Nr. 256. Urtheile des k. Bezirksgerichts München I. J. v. 16. Febr. 1878 u. 1. Febr. 1878. (J. C. Ebbeke und Kubinsky.)
2) Glück, Samml. Nr. 245.
3) Ibid. 252 u. 253.
4) Glück, Samml. Nr. 210 ff.
5) CPO. § 577.

Urtheil.

Urtheile, durch welche auf Trennung, Ungiltigkeit oder Nichtigkeit der Ehe erkannt ist, sind den Parteien (bezw. deren Anwälten) von Amtswegen zuzustellen. [1])

Urtheil, Wirkungen des rechtskräftigen, siehe „Rechtskraft".

Urtheilsformel, Aufnahme des Ausspruchs über die Schuldfrage in dieselbe, siehe „Schuldfrage".

V.

Vater. (Siehe „Blutsverwandtschaft", ferner „Elterliche Einwilligung".)

Verbrechen als Scheidungsgrund.

Grobe, mit entehrender Strafe bedrohte Verbrechen eines Ehetheils berechtigen nach katholischem Eherecht nicht dazu, Scheidung zu begehren. [2]) Nach vorherrschender Praxis des protestantischen Eherechts wird Scheidung der Ehe dem Bande nach dann zugelassen, wenn wegen des von einem der Ehegatten begangenen groben Verbrechens Strafverfolgung und Verurtheilung erfolgte und die zuerkannte Strafe sich auf Lebensdauer erstreckt. Zum Theil wird in der Praxis sogar die Scheidung für zulässig erkannt, wenn nur auf Zuchthausstrafe überhaupt, ohne Rücksicht auf deren Dauer, oder auf eine andere entehrende (d. h. mit Ehrenverlust verbundene) Freiheitsstrafe erkannt worden ist. [3])

Vollkommen auf dem letzteren Standpunkt steht das preußische Landrecht. Nach letzterem Rechte kommt es nur darauf an, daß die Verurtheilung des Ehescheidungsbeklagten zu einer harten und schmählichen Freiheitsstrafe erfolgt und die Strafe auch angetreten ist. [4])

Die Beurtheilung, ob eine harte und schmähliche Freiheitsstrafe vorliegt, hängt von den Umständen des

[1]) CPO. § 582. Vgl. Peters, Ehescheidung. § 9 a. Schl.
[2]) Permaneder, KR. § 422.
[3]) Glück, Samml. Nr. 233.
[4]) Allg. preuß. LR. Thl. II. 1. § 704.

einzelnen Falles ab und hat z. B. das Obertribunal in Berlin in dem Falle, wo ein Ehegatte wegen Unterschlagung zu einer Gefängnißstrafe und zu mehrjährigem Verluste der bürgerlichen Ehrenrechte verurtheilt war, die Scheidung ausgesprochen. [1])

Ist es in Folge Begnadigung zur Strafvollstreckung gar nicht, d. h. auch nicht einmal zum Antritt der Strafe gekommen, dann ist die Scheidungsklage unzulässig. [2])

Verbrechen als Eheungiltigkeitsgrund.

Erlittene Bestrafung eines Ehegatten wegen entehrender Verbrechen und Vergehen, welche dem andern Theil bei Eingehung der Ehe unbekannt war, berechtigt den letzteren nach protestantischem Eherecht und nach preußischem Landrecht zur Anfechtung der Ehe als ungiltig aus dem Gesichtspunkte des wesentlichen Irrthums. (Siehe „Irrthum“.)

Verdächtiger Umgang.

Nach preußischem Landrecht ist ein Ehegatte, wenn der andere Gatte einen verdächtigen, Argwohn (der Verletzung der ehelichen Treue) erregenden Umgang pflegt, berechtigt, bei dem zuständigen Gerichte einen Beschluß zu erwirken, durch welchen der fernere verdächtige Umgang verboten wird. (Verkehrsuntersagungs-Mandat.) Wird trotz des richterlichen Verbots der verdächtige Verkehr fortgesetzt, so ist der andere Ehetheil berechtigt, auf Grund dieser Fortsetzung verbotenen Verkehrs Scheidung der Ehe dem Bande nach zu verlangen. [3])

Dem protestantischen Eherechte und dem bayerischen Landrechte ist dieser Ehescheidungsgrund fremd.

Vererblichkeit der Ehescheidungsklage.

Eine Vererblichkeit der Ehescheidungsklage an sich gibt es nicht. Wohl aber kann nach preußischem Landrecht in dem Falle, wo ein Ehegatte nach bereits fruchtlos vorgenommenem Sühneversuche stirbt, die Scheidungsklage bezüglich des Incidentpunktes der Schuldfrage fortgesetzt werden, zu dem Zwecke, um die Auseinandersetzung

---

[1]) Peters, Ehescheidung § 19.
[2]) Ebendaselbst.
[3]) Allg. preuß. LR. Thl. II. 1. § 674—676.

des Vermögens und die Erbfolge nach den Grundsätzen zu bewirken, welche dem überlebenden schuldigen Theile nachtheilig sind. [1])

Hat der überlebende Ehegatte den Tod des Erblassers verursacht oder ihn mit Gewalt zu klagen gehindert, so können die Erben die Herausgabe des gesammten Vermögens ihres Erblassers fordern und verliert der schuldige Ehegatte sein Erbrecht. [2])

Vererblichkeit der Ungiltigkeits- und Nichtigkeitsklage.

Eine Vererblichkeit der Ungiltigkeits- und der Nichtigkeitsklage gibt es nicht.

Keine Ausnahme von dieser Regel bildet die Bestimmung des preußischen Landrechts, daß die aus dem Mangel der freien Einwilligung (Fälle des Zwangs, Betrugs und Irrthums) hergeleitete, bereits erhobene Anfechtungsklage von den Erben fortgesetzt werden kann, ferners, daß im Falle eines Zwanges und wenn kein Kind vorhanden ist, auch wenn der Erblasser noch gar keine Klage erhoben hatte, dennoch die Erben klagen können und ihnen die dem Erblasser zustehend gewesene Anfechtungsfrist verdoppelt wird. Diese Klage bezweckt in Wahrheit keine Anfechtung, sondern nur den Ausschluß des überlebenden Gatten vom Erbrechte durch Geltendmachung des Mangels der Legitimität der Erbansprüche des Ueberlebenden. Die Erben handeln hier aus eigenem, nicht ererbtem Rechte.

Verfolgung der Ehescheidungsklage zum Zwecke der Vermögensauseinandersetzung. (Siehe „Vererblichkeit der Ehescheidungsklage".)

Vergleich.

In Ehesachen ist ein Vergleich, durch welchen eine bestehende Ehe als getrennt erklärt wird, ungiltig und wirkungslos, da die Frage des rechtlichen Bestandes oder Nichtbestandes einer Ehe und die Frage, ob Grund zu einer Scheidung gegeben ist, der Willkür der Eheleute im öffentlichen Interesse entzogen ist.

---

[1]) Allg. preuß. LR. Thl. II. 1. § 827. Peters, Ehesch. § 29.
[2]) Allg. preuß. LR. Thl. II. 1. § 828.
[3]) Peters, Ehescheidung. § 37 und die dortigen Allegate.

Dies könnte als selbstverständlich erscheinen; nichtsdestoweniger trifft man in der Praxis häufig Fälle solcher Vergleiche, die nicht das Papier werth sind, auf welchem sie stehen. [1])

Verjährung.

Die einem gewissen längeren Zeitverlaufe entnommene Vermuthung der erfolgten Verzeihung wird als „Verjährung" des Klagerechts bezeichnet. [2]) (Siehe Näheres unter „Verzeihung".)

Verkehrsuntersagung. (Siehe „Verdächtiger Umgang".)

Verlassung, bösliche. (Siehe „Bösliche Verlassung".)

Verlobung oder **Verlöbniß.**

Die Verlobung oder das gegenseitig gegebene Versprechen, sich ehelichen zu wollen, ist ein rein civilrechtlicher Vertrag.

In Folge dessen kommen beim Verlöbnisse bezüglich der Bedingungen der Giltigkeit nicht die eherechtlichen Bestimmungen, sondern die für die Verträge überhaupt geltenden Grundsätze in Anwendung. [3])

Es ist also Willens- und Handlungsfähigkeit der sich Verlobenden, deren freie Einwilligung, und bei Minderjährigkeit derselben Zustimmung der Eltern und bezw. des Vormundes erforderlich. [4])

---

[1]) Erst kürzlich kam dem Verfasser ein Vergleich unter die Hände, bei dessen Abschluß ein k. Notar und zwei Rechtsanwälte mitwirkten (!!), und der zum Inhalt die freiwillige Scheidung einer Ehe wegen Impotenz des Mannes hatte mit Abmachungen über die etwaige Kinderprovenienz in dem Sinne, daß solche als von dem Manne herrührend nicht betrachtet werden können!

Sollte nun die betreffende freiwillig geschiedene Frau in der Folge sich anderweitig verehelichen wollen, so wird sie bald wahrnehmen, daß sie trotz des vielleicht theuer bezahlten Vergleiches sich erst gerichtlich scheiden lassen muß. Und sollte sie vor erfolgter gerichtlicher Eheaufhebung von einem Dritten eines Kindes genesen, so wird ihr freiwillig geschiedener Gatte ebenfalls die Erfahrung machen, daß er trotz seiner Impotenz und trotz des abgeschlossenen Vergleiches kraft gesetzlicher Präsumtion als Erzeuger des Kindes gilt, so lange nicht prozessual auf unzweifelhafte Weise von ihm bewiesen wird, daß das Kind nicht von ihm erzeugt sein kann.

[2]) Auch die RCPO. bedient sich des Ausdruckes „Verjährung" § 571.

[3]) Richter, KR. § 285.

[4]) Roth, bayer. CR. I. c. 2. § 48. Roth hält dafür, daß der Consens der Eltern und Vormünder bei unbegründeter Weigerung richterlich ergänzt werden kann.

Dazu kommt als weiteres Erforderniß die Einhaltung der vorgeschriebenen Form der Errichtung. Im Gebiete des bayerischen Landrechts ist zur giltigen Eingehung von Verlöbnißverträgen notarielle Fertigung nöthig. [1])

Das gleiche Erforderniß muß für das in Bayern liegende Gebiet des preußischen Landrechts angenommen werden. [2])

Soweit die vorgeschriebene Form nicht beobachtet ist, geht dem Verlöbnisse jegliche Wirkung ab („Winkelverlöbniß"). [3])

Ehehindernisse stehen auch der Verlobung entgegen. [4])

Die Wirkungen der giltigen Verlobung sind:

1) Die Verpflichtung zur Verlöbnißtreue. Deren Verletzung gibt dem andern Theil das Recht, Auflösung des Verlöbnisses zu beantragen. [5])

2) Die Verbindlichkeit zur Eingehung der Ehe. Weigert sich der eine Verlobte, die Ehe abzuschließen, so wird derselbe auf Klage des andern Theils zu einer Entschädigung verurtheilt, deren Betrag, wenn er nicht vertragsmäßig bestimmt ist, durch den Richter festgesetzt wird. [6])

   Zwangstrauung findet nirgends mehr statt.

   Dem sich Weigernden wird gleich behandelt derjenige Verlobte, welcher den Abschluß der Ehe unmöglich gemacht hat.

3) Brautkinder, d. h. die von giltig verlobten Eltern erzeugten Kinder werden gemeinrechtlich [7]) den ehelichen Kindern gleichgestellt, wenn die Ehe aus Schuld des Bräutigams nicht vollzogen werden konnte.

---

[1]) Roth, l. c. bayer. Verordn. v. 2. Mai 1806 im Zusammenhalt mit Art. 16 des Notariatsgesetzes v. 1861.

[2]) Roth, l. c. preuß. LR. II. 1. § 82 im Zusammenhalt mit Art. 16 des Notariats-Gesetzes.

[3]) Roth, l. c.; Richter, l. c.

[4]) Bayer. LR. Thl. I. c. 6. § 6, 7—10. Allg. preuß. LR. Thl. II. 1. § 76.

[5]) Richter, l. c. Permaneder § 379. Roth, l. c.

[6]) Richter, l. c. Roth, l. c. Permaneder, KR. § 383. Roth, l. c. Ziff. 2.

[7]) Da das bayerische Landrecht eine abweichende Bestimmung nicht aufgestellt hat, gilt in diesem Punkte das gemeine Recht. Vgl. Roth, l c.

Nach preußischem Landrecht gilt das Gleiche, wenn bei Auflösung des Verlöbnisses der Braut die Rechte der geschiedenen Ehefrau beigelegt werden, was die Braut bei schuldlosem Verhalten durch Klagestellung erreichen kann, [1]) ferner wenn eine Anerkennung von Seite des Vaters vorliegt. [2])

Die Auflösung erfolgt giltig,

1) wenn beiderseitige Einwilligung vorliegt, ohne alle Form; [3])
2) bei einseitigem Antrag nur durch Richterspruch beim Vorliegen genügender Gründe.

Das bayerische Landrecht zählt als Gründe der Auflösung eines Verlöbnisses auf einseitigen Antrag auf:

1) Untreue des einen Verlobten,
2) Eintritt von Umständen, bei deren Vorhandensein der andere Theil, wenn er hievon Wissenschaft gehabt hätte, sich auf das Verlöbniß nicht eingelassen haben würde.

Welche Umstände als solche zu erachten sind, hat das richterliche Ermessen zu entscheiden. [4])

Jedenfalls werden nach bisheriger Praxis als relevant betrachtet: Eingetretene körperliche Gebrechen, ansteckende Krankheit, bedeutende körperliche Verunstaltung, Verbrechen, Nahrungslosigkeit, Confessionswechsel.

Das preußische Landrecht [5]) specialisirt die Gründe, welche zum Rücktritt vom Verlöbnisse berechtigen, wie folgt.

1) Gründe, aus welchen eine schon vollzogene Ehe getrennt werden könnte, rechtfertigen den Rücktritt von einem Ehegelöbniß.
2) Verdächtiger Umgang, geringere Thätlichkeiten, schimpfliche oder verächtliche Begegnung sind, wenn dieselben auch zur Scheidung einer Ehe nicht hinreichen würden, Gründe des Rücktrittes von einem Verlöbnisse.
3) Fehler in dem moralischen Verhalten eines Verlobten, deren wegen Eltern ihre Einwilligung zur

---

1) Allg. preuß. LR. II. 1. § 1035.
2) Ibid. II. 3. 597.
3) Roth, l. c. Richter, l. c.
4) Bayer. LR. Thl. I. c. 6. § 39.
5) Allg. preuß. LR II. 1. § 100 bis mit 111.

Verehelichung versagen könnten, berechtigen den anderen Verlobten zum Rücktritt, wenn dieselben erst nach der Verlobung entstanden sind.

4) Wegen einer erst nach der Verlobung entdeckten, ekelhaften, ansteckenden, besonders venerischen, ingleichen wegen einer jeden unheilbaren Krankheit des einen Theils kann der andere sein Eheversprechen zurücknehmen.

5) Gleiches gilt von einer auffallenden Häßlichkeit des Körpers oder von einem andern, Ekel und Widerwillen erregenden Gebrechen, welche ein Theil dem andern vor der Verlobung verschwiegen hat.

6) Ein nach der Verlobung entdeckter Irrthum in Ansehung des Vermögens rechtfertigt den Rücktritt nur dann, wenn es den künftigen Eheleuten an dem nöthigen Auskommen fehlen würde.

7) Jeder auch nur in Ansehung des Vermögens von einem Verlobten oder dessen Eltern verübter Betrug gibt dem andern das Recht zum Rücktritt.

8) Veränderungen, welche sich nach der Verlobung in der Person, oder in den persönlichen, oder in den Vermögensumständen eines Verlobten ereignen, berechtigen denjenigen zum Rücktritt, welcher, wenn er den Fall hätte voraussehen können, das Ehegelöbniß wahrscheinlich nicht eingegangen sein würde.

9) Religionsveränderung gibt nur dem anderen Theile, nicht aber dem die Religion Aendernden ein Recht zum Rücktritt.

10) Wenn ein Theil seine im Ehegelöbnisse oder im Ehevertrag ausdrücklich übernommenen Verbindlichkeiten nicht erfüllen kann, so ist der andere Theil zum Rücktritt berechtigt.

11) Die bloße Minderjährigkeit dagegen ist kein rechtmäßiger Grund zum Rücktritt von einem unter den gesetzlichen Erfordernissen abgeschlossenen Verlöbnisse.

12) Wenn Umstände, weßwegen Eltern, Großeltern, Vormünder ihre Genehmigung zu versagen befugt sind, sich erst in der Folge ereignen oder offenbar werden, so können dieselben ihre schon ertheilte Einwilligung zurückziehen.

In diesem Rechte sind auch Bestimmungen bezüglich der Verjährung der Klagerechte aus einem Verlöbnisse getroffen:

Ist eine Zeit zum Vollzuge des Verlöbnisses bestimmt, so verjährt das Recht, aus dem Verlöbnisse zu klagen, ein Jahr nach Ablauf der zum Vollzug bestimmten Zeit.

War keine Zeit zum Vollzuge des Verlöbnisses bestimmt, so verjährt das Recht zu klagen, wenn binnen zwei Jahren nach Abschluß des Verlöbnisses sich kein Theil beim andern zum Vollzuge desselben gemeldet hat.

Hat sich einer der Theile innerhalb der oben erwähnten Frist zum Vollzuge des Verlöbnisses gemeldet, der andere Theil aber den Vollzug verweigert, so hat ersterer Theil von der letzten — noch innerhalb der zwei Jahre geschehenen — fruchtlosen Aufforderung an noch auf die Dauer eines Jahres das Recht, aus dem Verlöbnisse zu klagen. [1])

Vermögensabtheilung nach erfolgter Ehescheidung.

Die Aufhebung der Ehe durch deren Scheidung ist von Wirkung auf das eheliche Güterrecht, theils weil die Gesetze damit bestimmte Vermögensstrafen verbinden, theils weil mit Aufhebung der Ehe auch die Auflösung der bisherigen Güterordnung eintritt. Ueber die Vermögensstrafen bei Auflösung der Ehe durch Scheidung im engeren und weiteren Sinne wurde bereits oben unter „Ehescheidungsstrafen" das Nöthige vorgetragen.

Was die Aufhebung der Güterordnung betrifft, so ist die Vermögensabtheilung nach bayerischem Landrecht und die Vermögensauseinandersetzung nach preußischem Landrecht zu unterscheiden. Von letzterer wird unten bei der Rubrik „Vermögensauseinandersetzung" die Rede sein.

Die Vermögensabtheilung im Gebiete des bayerischen Landrechts aber vollzieht sich, sowohl wenn die Eheleute nach dem System der partikularen Gütergemeinschaft, als auch, wenn sie nach dem Güterrechte der allgemeinen Gütergemeinschaft lebten, von den schon

---

[1]) Ibid. § 128 mit 130.

erörterten Strafbestimmungen abgesehen, ganz wie bei Auflösung der Ehe durch den Tod.[1])

Dies bezieht sich aber nicht auf den Fall der Scheidung einer Ehe wegen Leibes- oder Gemüthskrankheit, oder sonstiger kein Verschulden eines Theils bildender Ursache; in letzteren Fällen bleibt es der Güter halber, so lange die Eheleute leben, durchgehends dabei, wie es vor der Scheidung gewesen.[2])

Vermögensauseinandersetzung zwischen geschiedenen Eheleuten.

Bei der Vermögensauseinandersetzung nach preußischem Landrecht ist zu unterscheiden, ob die Eheleute in getrennten Gütern gelebt haben oder in Gütergemeinschaft. Lebten dieselben in getrennten Gütern und es ist:

1) kein Theil für überwiegend schuldig erklärt, so erfolgt die Auseinandersetzung nach den bei der Trennung der Ehe durch den Tod gegebenen gesetzlichen Bestimmungen.[3]) (A. pr. L.R. II. 1. 751 ff.)
2) Ist ein Theil für schuldig erklärt, so erfolgt auch hier an sich die Auseinandersetzung wie im Falle des Todes. Hier sind aber dem Unschuldigen die Begünstigungen zugesprochen, welche im Todesfalle der Ueberlebende gegenüber den Erben des Verstorbenen hat.

Der eheherrliche Nießbrauch endigt ebenso wie die Verbindlichkeit des Mannes zum Unterhalte der Frau und zur Zahlung der ihm für die Dauer des Scheidungsprozesses auferlegten Alimente mit dem Tage der Publikation des demnächst rechtskräftig gewordenen Scheidungsurtheils.[4])

Lebten die Eheleute in Gütergemeinschaft, und es ist kein Theil für schuldig erklärt, so nimmt jeder Theil sein in die Ehe gebrachtes oder während derselben durch

---

[1]) Roth, bayer. CR. I. c. 2. § 68. Die näheren Details hierüber gehen über den Rahmen dieser nur die vom gewöhnlichen Civilrechte abweichenden Materien des Eherechts behandelnden Darstellung hinaus.

[2]) Bayer. LR. Thl. I. c. 2. § 43, 3.

[3]) Auch hier muß bezüglich der Details auf die einschlägigen gewöhnlichen Bestimmungen des allg. preuß. LR. (II. 1. §§ 543 ff.) verwiesen werden.

[4]) Peters, Ehescheidung. § 27.

Erbschaften, Vermächtnisse, Geschenke oder Glücksfälle erlangtes Vermögen zurück, das übrige wird unter die beiden Eheleute getheilt. [1])

Ist ein Theil für schuldig erklärt worden, so hat der unschuldige Theil die Wahl, ob er das gemeinschaftliche Vermögen zur Hälfte theilen oder Absonderung der Güter nach obigen Grundsätzen verlangen will. [2]) (Peters, Ehescheidung, § 27.)

Verpflegung statt Abfindung. (Siehe „Ehescheidungsstrafen".)

Versagung der ehelichen Pflicht.

Unter Versagung der ehelichen Pflicht versteht man die grundlose, halsstarrige und fortdauernde Verweigerung der ehelichen Beiwohnung. [3]) Sie wird der böslichen Verlassung gleichgestellt und begründet nach katholischem Eherechte, also im Gebiete des bayerischen Landrechtes für die Katholiken, das Recht, zeitliche Scheidung von Tisch und Bett zu begehren. [4])

Das gemeine protestantische Eherecht [5]) und das preußische Landrecht [6]) lassen wegen Versagung der ehelichen Pflicht Trennung der Ehe dem Bande nach zu.

Ob die Versagung als eine halsstarrige und fortdauernde zu erachten ist, kommt auf die jedesmaligen Umstände an; ebenso, ob dieselbe eine unberechtigte ist. Im Allgemeinen wird von der Praxis die Verweigerung des Beischlafes als gerechtfertigt anerkannt:

1) Wenn der Vollzug des Beischlafes der Gesundheit des sich Weigernden schädlich sein würde;
2) wenn die sich weigernde Frau ein säugendes Kind hat;
3) wenn der sich weigernde Theil auf Ehescheidung geklagt hat für die Dauer des Scheidungsprozesses;
4) wenn die zeitweilige Trennung von Tisch und Bett gerichtlich angeordnet worden ist;

---

[1]) Ibid. l. c.
[2]) Ibid. l. c. Roth, bayer. CR. B. I. c. 2. § 68. II.
[3]) Glück, Samml. 116.
[4]) Permaneder, KR. § 422.
[5]) Glück, Samml. ib. u. Nr. 117.
[6]) Allg. preuß. LR. II. 1. § 694

5) wenn der den Beischlaf begehrende Ehetheil einen Ehebruch begangen hat.

Im letzteren Falle ist die Verweigerung des Beischlafes sogar nothwendig, weil entgegengesetzten Falles dem Ehebrecher die Einrede der Verzeihung zu Gebote stehen würde.

Nicht zulässig erscheint die Einrede des Mannes, daß er aus Rücksicht auf die Schwächlichkeit der Frau oder auf die Unmöglichkeit, mehr Kinder zu ernähren, sich der Beiwohnung enthalten habe; ebenso die Einrede der Frau, daß ihr der Mann vor der Trauung die Leistung des Beischlafes erlassen habe.[1])

Versagung des ehelichen Unterhalts.

Im Gebiete des preußischen Landrechts kann eine Ehefrau, deren Mann durch begangene Verbrechen, Ausschweifungen oder unordentliche Wirthschaft sich außer Stand gesetzt hat, sie zu ernähren, ferner eine Ehefrau, deren Mann sich beharrlich weigert, sie zu alimentiren, Scheidung der Ehe dem Bande nach begehren.[2])

Bei unverschuldeter Verarmung greift dieser Scheidungsgrund nicht Platz.

Das gemeine protestantische Eherecht läßt aus gleichem Grunde Scheidung der Ehe dem Bande nach eintreten und findet daher der Ehescheidungsgrund der Versagung des Unterhalts im Gebiete des bayerischen Landrechts in den Ehesachen der Protestanten und Dissidenten Anwendung.[3])

Das canonische — für die Katholiken maßgebende Recht — gewährt wegen Unterhaltsversagung gar keine Scheidung.[4])

Verschollenheitserklärung oder Todeserklärung.

Ist ein Ehegatte rechtskräftig für verschollen oder todt erklärt, so kann der andere Theil zu neuer Ehe schreiten. Ueber die Folgen, wenn der Verschollene nicht wirklich todt ist, — siehe oben „Bigamie".

---

[1]) Koch, Comment. Note 23 zu § 694. II. 1 allg. LR.
[2]) Allg. preuß. LR. II. 1. § 711 u. 712.
[3]) Glück, Samml. Nr. 242.
[4]) Permaneder, KR. § 422.

Verträge über die Abfindung.

„Verabredungen im Heiraths-Vertrage, durch welche zum Voraus für den Fall einer künftigen Ehescheidung Bestimmungen über die Abfindung des unschuldigen Theils getroffen werden, beleidigen die Ehrbarkeit und sind deshalb unverbindlich“.[1])

Verwandtschaft. Siehe oben „Blutsverwandtschaft“, „Annahme an Kindesstatt“, „Schwägerschaft“.

Verzeihung.

Die Verzeihung, auch Remission genannt, ist ein allgemeiner Klageaufhebungsgrund, also nicht auf die Fälle des Ehebruches beschränkt.

Sie ist an keine bestimmte Form gebunden; sie kann eine ausdrücklich erklärte, oder eine aus den Umständen erhellende stillschweigende sein.[2])

Als stillschweigende Verzeihung werden nach gemeinem katholischen und protestantischen Eherechte alle Handlungen erachtet, durch welche der beleidigte Ehegatte nach erhaltener überzeugender Kenntniß von der Schuld des anderen denselben dennoch als Ehegatten freiwillig behandelt, was besonders dann der Fall ist, wenn er sich unter den erwähnten Umständen gleichwohl noch fleischlich mit dem schuldigen Theil vermischt.[3])

Einige beschränken die Wirksamkeit des Beischlafs als Verzeihung auf die Fälle des Ehebruches.

Andere dagegen sind der Meinung, daß die freiwillige Gewährung des Beischlafes trotz erhaltener Kenntniß von der Schuld des anderen Theils eine allgemeine Verzeihung bewirkt, d. h. daß nicht blos der begangene Ehebruch, sondern auch alle anderen Pflichtverletzungen, z. B. gefährliche Mißhandlungen 2c., durch dieselbe als verziehen erscheinen.[4])

Soll aber die Gewährung des Beischlafes die Wirkung der Verzeihung haben, so ist wohl zu beachten, daß der Beischlaf freiwillig und trotz sicherer Kenntniß

---

[1]) Striethorst Bd. 14. S. 341.
[2]) Glück, Samml. Nr. 291.
[3]) Ibid. Nr. 298.
[4]) Ibid. Nr. 300.

niß der Vergehung des anderen Theils gewährt worden sein muß. Eine frühere Verzeihung wird bei Rückfälligkeit des Schuldigen unwirksam.[1])

Das preußische Landrecht weicht in seinen Bestimmungen wesentlich von dem bisher Erörterten ab. Dieses Recht faßt die Verzeihung in dem Sinne eines Verzichts auf das Recht, Scheidung zu verlangen, auf. Der Verzicht auf das Klagerecht kann ein ausdrücklich erklärter oder ein stillschweigender sein. Ein stillschweigender Verzicht auf das Klagerecht wird angenommen, wenn der beleidigte Ehegatte nach erhaltener überzeugender Kenntniß der Verfehlung des anderen Theiles die Ehe ein Jahr hindurch fortgesetzt hat, ohne zu klagen. (Rügefrist.)[2]) Die stillschweigende Verzeihung im Sinne des preußischen Landrechts ist daher nichts Anderes, als eine dem Zeitverlaufe entnommene gesetzliche Präsumtion des Verzichts auf das Klagerecht.[3])

Diese gesetzliche Präsumtion, deren eben gedachte Voraussetzungen als gegeben angenommen, wirkt allgemein. Es kann also auch bei eintretender Impotenz, Raserei, Wahnsinn u. dgl., wenn die Ehe nach erlangter Kenntniß hievon ein Jahr lang fortgesetzt wurde, ohne daß zur Klage geschritten worden ist, der später hierwegen erhobenen Klage die Einrede der Verzeihung entgegengesetzt werden.[4])

Eine freiwillige Trennung während der Rügefrist genügt nicht; es muß förmliche Klage erhoben oder doch der schuldige Theil noch innerhalb des Rügejahrs zum Sühneversuch geladen und demselben längstens in einem weiteren Jahre von der Ladung zum Sühneversuch an die Ehescheidungsklage zugestellt werden.[5])

Unter Fortsetzung der Ehe wird übrigens ein Zusammenleben der Eheleute verstanden. War nach der vorgefallenen Pflichtverletzung das Zusammenleben unmöglich, z. B. wegen Strafverbüßung des einen

---

[1]) Ibid. 307.
[2]) Allg. preuß. LR. II. 1. § 720, 721.
[3]) Peters, Ehescheidung. § 23.
[4]) Glück, Samml. Nr. 310.
[5]) Allg. preuß. LR. l. c., ferner ibid. § 554, Tit. 9, endlich RCPO. § 571, Abs. 2.

Ehetheils, so läuft die Rügefrist während der Dauer des faktischen Getrenntseins nicht. [1])

Nach preußischem Landrechte kann ferner die Verzeihung eine bedingte, d. h. eine an den ausdrücklichen Vorbehalt der Besserung geknüpfte sein. [2])

Auf früher ausdrücklich und ohne Vorbehalt verziehene Beleidigungen kann auch bei eintretender Rückfälligkeit nicht mehr zurückgegriffen werden. [3]) Aus der bloßen Leistung des Beischlafes darf nach preußischem Landrecht eine Verzeihung nicht gefolgert werden, sondern es hat sich der Richter darauf zu beschränken, zu prüfen, ob eine ausdrückliche Verzeihung vorliegt, oder wenigstens die dem Zeitverlaufe entnommene gesetzliche Präsumtion des Verzichts auf die Klage gegeben ist. [4])

Verzicht.

Verzicht auf das Klagerecht siehe „Verzeihung“ und „Genehmigung“.

Verzicht

auf die Ehe ist wirkungslos, da Abschluß und Aufhebung der Ehe im öffentlichen Interesse der Willkür der Privaten entzogen sind.

Verzicht auf Rechtsmittel im Eheprozesse.

Im Eheprozesse ist der Verzicht der Streitstheile auf die Rechtsmittel der Berufung und Revision, soweit es sich um Urtheile handelt, durch welche auf Scheidung erkannt wurde, wirkungslos, d. h. es kann hiedurch die Rechtskraft des Scheidungsurtheils nicht vor Ablauf der betreffenden Nothfrist herbeigeführt werden. [5]) Der Grund ist derselbe, welcher schon oben in Ansehung des Verzichts auf die Ehe selbst angegeben wurde.

Virginität. (Siehe „Irrthum“ und „Jungfrauschaft“.)

---

[1]) Entscheid. des Obertribunals v. 4. Nov. 1870 bei Peters, Ehescheidung. § 23. Anm. 19.

[2]) Nach gemeinem protest. und canon. Rechte ist jede Verzeihung als unter dem Vorbehalt der Besserung gewährt zu betrachten. Vgl. oben Anm. 4.

[3]) Glück, Samml. 309.

[4]) Allg. preuß. LR. II. 1. 722.

[5]) Peters, Ehescheidung. § 10.

Vielmännerei (Polyandrie).

Die Vielmännerei, d. h. die geschlechtliche Lebensgemeinschaft eines Weibes mit mehreren Männern, ist eine Entartung der menschlichen Geschlechtsgemeinschaft, welche in Zeiten der Uebervölkerung und des knappen Nahrungsstandes angetroffen wird.

Offen tritt dieselbe fast nirgends mehr zu Tage (nur in Tibet und auf einigen australischen Inseln); desto mehr grassirt die geheime Vielmännerei in der Gestalt der Prostitution und des weiblichen Ehebruches. (Vgl. auch „Polygamie".)

Vielweiberei.

Die Vielweiberei, d. h. die dauernde Geschlechts- und Lebensgemeinschaft eines Mannes mit mehreren Weibern, war in den Urzeiten der Menschheit bei dem Umstande, daß die Ernährung der Kinder eine gesicherte war, ziemlich allgemein. Dieselbe wirkte in jener Zeit dünner Bevölkerung mit Rücksicht auf die im Kampfe ums Dasein mit den übrigen Geschöpfen wünschenswerthe rasche Verbreitung des Menschengeschlechts nicht ungünstig auf die Entwickelung des letzteren ein.

Auf der jetzigen Entwicklungsstufe der Menschheit hat die Vielweiberei sicher weder Nutzen noch Berechtigung mehr. (Vgl. oben „Einehe" und „Polygamie".)

Vormund.

Einwilligung des Vormunds zur Verlobung siehe „Verlöbniß", Einwilligung des Vormundes zur Verehelichung siehe „Elterliche Zustimmung".

Kann der Vormund in Ehesachen seines Mündels selbstständig klagen?

Für das bayerische Landrecht ist diese Frage gegenstandslos, weil nach diesem Rechte die Vormundschaft mit der Verehelichung überhaupt erlischt.[1]) Für das preußische Landrecht ist die Frage an sich zu bejahen, hiebei aber zu bemerken, daß das selbstständige Klagerecht des Vormundes in Ehescheidungsfällen durch ablehnendes Verhalten des Mündels beim Sühneversuch illusorisch gemacht werden kann.[2])

---

[1]) Bayer. LR. Thl. I. c. 7. § 36.
[2]) Peters, Ehescheidung. § 3 u. 32; CPO. § 570.

Vormundschaft im Falle des Ehescheidungsprozesses.

Ist Ehescheidungsklage in einer Sache, die nach preußischem Landrecht zu beurtheilen ist, erhoben, so hat der Staatsanwalt des Prozeßgerichts beim Vorhandensein minderjähriger Kinder demjenigen Amtsgerichte, welchem im Falle des Todes des Vaters die Bevormundung der Kinder zukommen würde, Kenntniß zu geben, damit dasselbe, wenn die gesetzlichen Voraussetzungen hiefür bestehen, einen Curator für die Kinder bestelle. [1])

Die Aufstellung eines Curators während des Scheidungsprozesses hat gesetzlicher Bestimmung gemäß dann zu geschehen, wenn aus den Verhandlungen hervorgeht oder dem Gerichte bekannt ist, daß beide Ehegatten oder auch nur einer, sich der Verschwendung des Vermögens oder der Vernachlässigung der Erziehung der Kinder verdächtig machen. [2])

Der Curator hat während des Prozesses die Rechte und Interessen der Kinder wahrzunehmen, auf deren Unterhalt und Erziehung Acht zu haben und der etwa zu besorgenden Durchbringung und Verdunkelung des Vermögens vorzubeugen. [3])

Anträge wegen Sicherstellung des Vermögens, wegen Erziehung oder Unterhalt der Kinder sind bei dem bereits erwähnten Vormundschaftsgerichte zu stellen.

Verweigert ein Ehetheil den ihm obliegenden Beitrag für Erziehung und Unterhalt der Kinder, so ist deshalb vor dem ordentlichen Prozeßgerichte Klage gegen ihn zu erheben. [4])

W.

Wahnsinn. (Siehe „Raserei".)

Wartezeit.

Frauen dürfen erst nach Ablauf des zehnten Monats seit Beendigung der früheren Ehe eine weitere Ehe schließen. (Wartezeit.) [5])

---

1) Bayer. Ausf.-Ges. z. RCPO. § 149, Abs. 1.
2) Anhang zu § 290 zur AGO.
3) Bayer. Ausf.-Ges. z. RCPO. § 149, Abs. 2.
4) Ibid. Abs. 3.
5) CEG. § 35.

Hiedurch soll — aus natürlichen Gründen — die Wiederverheirathung von Frauen während einer etwaigen Schwangerschaft verhütet werden. Aus der Fassung des Gesetzes wie aus dem Zwecke des Verbotes erhellt, daß dasselbe sich nicht nur auf die Fälle der Auflösung der Ehe durch den Tod des Mannes, sondern allgemein auf alle Fälle der Wiederverehelichung einer Frau, mag die frühere Ehe durch Ableben des Mannes, Todeserklärung desselben, Scheidung von demselben, Nichtigkeits- oder Ungiltigkeitserklärung der Ehe mit ihm, beendigt worden sein, bezieht. Dispensation ist für zulässig erklärt [1]) für Fälle, in welchen der Grund der allgemeinen Bestimmung nicht zutrifft, z. B. bei früherer Niederkunft u. s. w.

Das Hinderniß der Wartezeit ist lediglich ein aufschiebendes; die während der Wartezeit ohne Dispenserholung geschlossene Ehe ist daher eine giltige Ehe. Auch anderweitige nachtheilige Folgen sind wenigstens nach bayerischem Landrechte an die frühere Wiederverehelichung nicht geknüpft; denn dieses Recht hat — gleich dem canonischen Rechte — das Hinderniß der Wartezeit überhaupt nicht gekannt und daher natürlich auch keine Veranlassung gehabt, rechtliche Folgen der Mißachtung der Wartezeit aufzustellen.

Auch das preußische Landrecht [2]) hat lediglich die Bestimmung aufgestellt, daß dem zu erwartenden Kinde einer während der Wartezeit heirathenden schwangeren Frau die Rechte eines ersteheIichen Kindes auf Vermögens-Auseinandersetzung vorbehalten bleiben.

Wechselseitige Einwilligung als Scheidungsgrund.

Durch wechselseitige Einwilligung (Vergleich ꝛc.) kann eine Ehe nicht privatim geschieden werden. Vgl. oben „Vergleich“ und „Verzicht“.

Aber auch eine gerichtliche Scheidung findet auf Grund wechselseitiger Einwilligung nicht statt. Hievon gibt es nur eine Ausnahme; nämlich das preußische Landrecht läßt bei Ehen, welche gänzlich kinderlos sind, die Ehescheidung auf Grund wechselseitiger Einwilligung

---

[1]) l. c.

[2]) Allg. preuß. LR. Thl. II. Tit. 1. § 1018.

der Eheleute zu. Vgl. oben „Unüberwindliche Abneigung“.

Wiederaufnahme des Verfahrens.

Eine Wiederaufnahme des Verfahrens in Ehesachen ist nach eingetretener Rechtskraft des die Trennung einer Ehe aussprechenden Urtheils selbstverständlich unzulässig, da eine einmal rechtskräftig getrennte Ehe nur durch neuerlichen Eheabschluß, nicht aber durch ein die Scheidung wieder aufhebendes neues Urtheil wieder zur Ehe werden kann.[1])

Wiederaussöhnung geschiedener Eheleute.

Die Wiederaussöhnung rechtskräftig dem Bande nach geschiedener Eheleute kann die frühere Ehe nicht wiederherstellen. Vergl. unten „Wirkungen der Ehescheidung“.

Dies muß auch für das Gebiet des bayerischen Landrechts behauptet werden, da die entgegenstehende Bestimmung in Theil I Kap. 6 § 43 Ziff. 4 auf der Grundlage der canonisch-rechtlichen Unauflöslichkeit des Ehebandes beruht, und diese Grundlage in Folge der Bestimmungen über die Civilehe in Wegfall gekommen ist.[2])

Wiederherstellung des ehelichen Lebens. (Siehe „Herstellung des ehelichen Lebens“ und „Rückkehrsbefehl“.)

Wiederverehelichung einer wegen Ehebruchs geschiedenen, für den schuldigen Theil erklärten Person ist im Gebiete des preußischen Landrechts, selbst wenn die zu heirathende Person nicht diejenige ist, mit welcher die geschiedene Person Ehebruch getrieben hat, nur mit besonders nachzusuchender ehegerichtlicher Erlaubniß gestattet.[3])

Wiederverehelichung verwittweter Personen vor erfolgter Vermögensauseinandersetzung.

Verwittwete Personen dürfen, wenn aus der vorhergehenden Ehe minderjährige oder sonst curatelmäßige

---

[1]) Vgl. Peters, Ehescheidung. § 10.
[2]) — wenigstens quoad forum civile.
[3]) Peters, Ehescheidung § 13 und die dortigen Allegate.

Kinder vorhanden sind, sich nicht wiederverehelichen, bevor nicht zwischen ihnen und den Kindern die Vermögensauseinandersetzung erfolgt ist. Dieses Verbot hat lediglich Geltung in jenen Rechtsgebieten, in denen es bisher bereits bestanden hat. [1])

Dies ist der Fall in Ansehung des Gebietes des preußischen Landrechts, [2]) welches bestimmt:

Sind aus einer vorhergehenden Ehe Kinder vorhanden, welche wegen minderjährigen Alters oder sonst sich selbst nicht vorstehen können, so muß deren gesetzliche Abfindung nachgewiesen oder doch ein Erlaubnißschein des vormundschaftlichen Gerichts vor der Trauung beigebracht werden.

Ist dies nicht geschehen und die Ehe dennoch geschlossen worden, so geht dadurch die Befugniß, das Vermögen der Kinder zu verwalten, verloren und wird aus den Erträgnissen desselben höchstens soviel verabfolgt, als nach dem Ermessen des vormundschaftlichen Gerichtes zum Unterhalt der Kinder nöthig ist. Die Vermögensauseinandersetzung hat überdies nachträglich zu geschehen; bis dies geschehen, haftet das Vermögen beider Gatten den ersteheliсhen Kindern zur Sicherheit.

Das bayerische Landrecht enthält Vorschriften bezüglich eines Vermögensnachweises, einer Auseinandersetzung oder Sicherstellung des Vermögens vor Eingehung einer zweiten Ehe überhaupt nicht und kommt daher für dieses Rechtsgebiet das hier in Rede stehende aufschiebende Ehehinderniß nicht in Betracht. [3])

Widernatürliche Wollust

wirkt nach allen Eherechten wie der Ehebruch. (Vergl. oben „Ehebruch".)

Willensunfähigkeit.

Personen, welche willensunfähig sind (Kinder unter 7 Jahren, Wahnsinnige rc.) können keine giltige Ehe eingehen. (Vergl. oben „Einwilligung".)

---

[1]) CEG. § 38.

[2]) Allg. preuß. LR. Thl. II. Tit. 1. § 18, § 1014 ff.

[3]) Dr Völk, Comment. z. CEG. § 28. Anm. 4.

Wirkungen der Ehescheidung.

A. Bezüglich der Eheleute selbst.

Mit der Rechtskraft des Urtheils auf Trennung der Ehe dem Bande nach hören alle aus der Ehe folgenden persönlichen Rechte und Pflichten der Eheleute auf.

Jeder Theil kann zur weiteren Ehe schreiten.[1])

Dies ist für das Gebiet des bayerischen Landrechts durch die Reichsgesetzgebung neueingeführtes Recht geworden; denn ehedem war nach bayerischem Landrecht die Wiederverehelichung entsprechend dem Standpunkte des canonischen Rechts nur „nach Absterben eines Ehegatten" zulässig.[2])

Ein Verzicht auf die Wirkungen der rechtskräftigen Scheidung ist rechtlich nicht möglich[3]) und ist das geschlechtliche Zusammenleben von rechtskräftig geschiedenen Eheleuten, die sich wieder versöhnt haben, als Confubinat zu erachten, wie auch von ihnen etwa erzeugte Kinder als uneheliche erscheinen. Wollen selbe wieder als Eheleute gelten, so müssen sie eine neue Ehe abschließen, gerade so, als ob sie nicht schon verheirathet gewesen wären.

Die aus der eheherrlichen Gewalt des Mannes herrührende Beschränkung der Handlungsfähigkeit der Frau hört mit der Rechtskraft der Scheidung auf.

Ist einer der geschiedenen Ehegatten noch minderjährig, so lebt nach bayerischem Landrecht mit eintretender Rechtskraft des Scheidungsurtheils dessen Curatelmäßigkeit wieder auf.[4])

Was die Namensführung und Standesrechte betrifft, so ist zwischen dem bayerischen Landrecht und dem

---

[1]) RCEG. § 34.

[2]) Bayer. LR. Thl. I. c 6. § 46.

[3]) Peters, Ehescheidung. § 25.

[4]) Anderer Anschauung ist Roth, bayer. CR. Bd. I. c. 2. § 50. Allein es ist nicht richtig, wenn Roth meint, das Landrecht bestimme in Thl. I. c. 7. § 36, daß bei Verehelichung die „Minderjährigkeit" aufhöre; es sagt das Gesetz nur, daß die Curatel eines Minderjährigen durch Verehelichung geendigt wird. Hieraus und aus Ziff. 4 des § 36 l. c folgt das Gegentheil der Roth'schen Anschauung. Nach preußischem Landrecht dauert ohnehin die Curatel Minderjähriger trotz erfolgter Verehelichung fort. Vgl. oben „Vormund".

preußischen Landrecht zu unterscheiden. Nach letzterem Recht hat die unschuldige Ehefrau die Wahl, ob sie den Stand und Namen ihres Mannes beibehalten, oder ihren früheren Familien- oder Wittwen-Namen wieder annehmen und in ihren früheren Stand wieder eintreten will. Der überwiegend schuldig erklärten Frau werden auf Klage des Mannes Name und Stand desselben aberkannt.[1])

Das bayerische Landrecht hat hinsichtlich dieser Punkte keine Bestimmungen getroffen.[2])

Ist eine Ehe wegen Ehebruchs geschieden worden, so kann der Unschuldige nach erhaltener Kenntniß von der Rechtskraft der Scheidung die criminelle Bestrafung des Schuldigen wegen des Ehebruches beantragen, eine Befugniß, welche nach drei Monaten verjährt.[3])

B. Wirkungen der Scheidung bezüglich der Kinder.

Hierüber siehe oben: „Erziehung der Kinder aus geschiedenen Ehen" und „Pflichttheil der Kinder im Falle der Ehescheidung".

C. Wirkungen der Ehescheidung in Ansehung des Vermögens der Eheleute.

Hierüber siehe: „Ehescheidungsstrafen", „Vermögensabtheilung" und „Vermögensauseinandersetzung".

Wirkungen der Nichtigkeits- und Ungiltigkeitserklärung einer Ehe.

A. In Bezug auf die Eheleute selbst und ihr Vermögen.

Die Wirkung der Nichtigkeits- und Ungiltigkeitserklärung der Ehe ist verschieden, je nachdem beide Eheleute im guten Glauben sich befanden, oder dies wenigstens bei einem Theile oder aber bei gar keinem Theile der Fall war.

---

[1]) Allg. preuß. LR. II. 1. § 738 ff.

[2]) Einfach deshalb, weil es nach dem Standpunkt des bayerischen Landrechts vor dem Reichs-Civilehegesetze eine Trennung der Ehe dem Bande nach nicht gab.

[3]) Reichs-Strafgesetzbuch § 172, 61, 64.

Das bayerische Landrecht bestimmt in Ansehung dieser drei möglichen Fälle Folgendes:

a) Waren beide Eheleute in gutem Glauben, so „nimmt die Ehefrau sowohl ihr Heiraths- als Paraphernal- und Receptiz-Gut nebst der Morgengab und dem von der Errungenschaft, gemeinvermischter Hausfahrniß und den Hochzeitsgeschenken gebührenden Antheil, wie auch ihr End, Gebänd, Kleider, Kleinodien, und was zu ihrem Leib gehört, wiederum zurück. All Anderes hingegen verbleibt dem Mann, und was sie beide vor oder während der Ehe einander geschenkt haben, das fällt nebst dem Wittibsitz gleichfalls wiederum zurück."

b) Falls nur ein Ehetheil in gutem Glauben war, hat dieser „sich aller Rechte und Freiheiten, welche einer giltigen Ehe anhängen, zu erfreuen, und erhält mithin auch Alles, was einem Ehegatten auf Vorabsterben des Anderen von Rechts- oder Gedingswegen gebührt ..... und weil derselbe von dem andern Theil auf eine ebenso nachtheilige als betrügliche Weise eingeführt worden, so gebührt ihm zur Genugthuung ein gleicher Kindstheil, oder bei ermangelnden Kindern der vierte Theil von des schuldigen Theils sämmtlichen Vermögen sogleich eigenthümlich."

c) Haben beide Eheleute wissentlich die ungiltige Ehe abgeschlossen, so fällt sowohl das Heirathgut, als die Wiederlag und Morgengab, nebst den einander gemachten Schankungen, oder, wenn kein Heirathgut bedungen ist, der vierte Theil vom beiderseitigen sämmtlichen Vermögen dem Staatsärar anheim unbeschadet der Vollstreckung der etwa gleichzeitig verwirkten Criminalstrafe wegen Bigamie u. dgl.[1])

Das preußische Landrecht bestimmt Folgendes:

1) Wenn beide Theile wissentlich eine ungiltige oder nichtige Ehe abgeschlossen hatten, so haftet im Falle der Nichtigkeitserklärung der Mann bezüglich des in seine Verwaltung gekommenen ehefräulichen Vermögens wie ein Verwalter fremder

---

[1]) Bayer. LR. Thl. I. c. 6. § 44.

Güter, nur braucht er keine Rechnnng zu legen über die während des Zusammenlebens gezogenen Nutzungen.

2) War der Mann allein in bösem Glauben bei Eingehung der Ehe, so haftet er bezüglich des Frauenvermögens wie ein unredlicher Besitzer und muß auch die Nutzungen herausgeben, nur darf er an letzteren abziehen, was er erweislichermaßen zum Unterhalte der Frau verwendet hat.

3) War die Frau allein derjenige Theil, welcher wissentlich in die nichtige oder ungiltige Ehe eingetreten ist, so haftet der Mann bei Rückgabe des Frauenvermögens blos für grobes Verschulden.

4) Wenn ein Theil den andern durch Verschweigung oder Verheimlichung des obwaltenden Ehehindernisses oder sonst durch betrügliche Vorspiegelungen zur Schließung einer nichtigen oder ungiltigen Ehe verleitet hat, so hat der unschuldige Theil Anspruch auf eine dem höchsten Satze der Ehescheidungsstrafen gleichkommende Schadloshaltung.

5) Wird die Ehe des Adoptivvaters mit der Adoptivtochter annullirt, so verliert der Adoptivvater alle aus der Adoption entspringenden Rechte gegenüber der Adoptivtochter, nicht aber umgekehrt die Adoptivtochter ihre aus der Adoption entstammenden Rechte gegen den Adoptivvater.

6) Gegenüber dritten Personen, welche mit vermeintlichen Eheleuten in gutem Glauben Rechtsgeschäfte abgeschlossen haben, treten dieselben Folgen ein, als wenn die Ehe rechtsgiltig gewesen wäre, nur dürfen in den Fällen der Bigamie die Rechte des ersten Ehegatten nicht hiedurch beeinträchtigt werden.[1])

Was

B.

die Wirkungen der Nichtigkeits- und Ungiltigkeitserklärung einer Ehe in Bezug auf die aus solcher Ehe entstammenden Kinder betrifft, so sehe man hierüber die Abhandlung „Kinder aus ungiltigen und nichtigen Ehen“.

---

[1]) Allg. preuß. LR. II. Tit. 1. § 953 bis 988.

Z.

Zeugen bei der Trauung.

Zum Abschluß der Ehe vor dem Standesbeamten sind zwei großjährige Zeugen zuzuziehen, in deren Gegenwart der Standesbeamte die auf den Eheabschlußwillen bezüglichen Fragen an die Brautleute zu stellen hat. Verwandtschaft der Zeugen untereinander oder mit den Brautleuten steht deren Zuziehung nicht im Wege.[1])

Zeugen im Eheprozesse.

Die Zeugenvernehmung in Ehesachen hat nichts von den gewöhnlichen Bestimmungen Abweichendes.

Der Theilnehmer am Ehebruche ist berechtigt, die Zeugschaftsleistung zu verweigern.[2])

Zugeständniß im Eheprozesse. (Siehe „Anerkenntniß".)

Zuchthausstrafe als Scheidungsgrund. (Siehe „Verbrechen".)

Zulässigkeit neuer Scheidungsgründe. (Siehe „Neue Scheidungsgründe".)

Zuständigkeit der Gerichte. (Siehe „Gerichtsstand".)

Zuständigkeit des Standesbeamten. (Siehe „Standesbeamter".)

Zwang.

Zwang bewirkt die Ungiltigkeit der Ehe, wie schon oben anläßlich der Abhandlung über „Betrug" erörtert und belegt wurde.

Der Zwang muß nicht nothwendig ein physischer sein, es kann auch eine moralische Einschüchterung als Zwang erscheinen. Siehe hierüber unter „Furcht".

Als Zwang kann auch die „Entführung" (vgl. diese) erscheinen.

Die anfängliche Ungiltigkeit kann beseitigt werden, wenn der gezwungene Theil nach Aufhebung des auf ihn einwirkenden Zwanges die Ehe ausdrücklich oder stillschweigend genehmigt. Ueber die Voraussetzungen, unter denen stillschweigende Genehmigung als gegeben angenommen wird, siehe Näheres unter „Irrthum" und „Genehmigung".

[1]) RCEG. § 52 u. 53. [2]) RCPO. § 349, Ziff. 2.

I. Anhang.

Gesetz vom 6. Februar 1875

über die

Beurkundung des Personenstandes und die bürgerliche Eheschließung.

Wir Wilhelm, von Gottes Gnaden Deutscher Kaiser, König von Preußen rc.

verordnen im Namen des Deutschen Reichs, nach erfolgter Zustimmung des Bundesrathes und des Reichstags, was folgt:

Erster Abschnitt.

Allgemeine Bestimmungen.

§ 1. Die Beurkundung der Geburten, Heirathen und Sterbefälle erfolgt ausschließlich durch die vom Staate bestellten Standesbeamten mittelst Eintragung in die dazu bestimmten Register.

§ 2. Die Bildung der Standesamtsbezirke erfolgt durch die höhere Verwaltungsbehörde.

Die Standesamtsbezirke können aus einer oder mehreren Gemeinden gebildet, größere Gemeinden in mehrere Standesamtsbezirke getheilt werden.

§ 3. Für jeden Standesamtsbezirk ist ein Standesbeamter und mindestens ein Stellvertreter zu bestellen. Für den Fall vorübergehender Behinderung oder gleichzeitiger Erledigung des Amtes des Standesbeamten und der Stellvertreter ist die nächste Aufsichtsbehörde ermächtigt, die einstweilige Beurkundung des Personenstandes einem benachbarten Standesbeamten oder Stellvertreter zu übertragen.

Die Bestellung erfolgt, soweit nicht im § 4 ein Anderes bestimmt ist, durch die höhere Verwaltungsbehörde.

Geistlichen und anderen Religionsdienern darf das Amt eines Standesbeamten oder die Stellvertretung eines solchen nicht übertragen werden.

§ 4. In den Standesamtsbezirken, welche den Bezirk einer Gemeinde nicht überschreiten, hat der Vorsteher der Gemeinde (Bürgermeister, Schultheiß, Ortsvorsteher oder deren gesetzlicher Stellvertreter) die Geschäfte des Standesbeamten wahrzunehmen, sofern durch die höhere Verwaltungsbehörde nicht ein besonderer Beamter für dieselben bestellt ist. Der Vorsteher ist jedoch befugt, diese Geschäfte mit Genehmigung der höheren Verwaltungsbehörde anderen Gemeindebeamten widerruflich zu übertragen.

Die Gemeindebehörde kann die Anstellung besonderer Standesbeamten beschließen. Die Ernennung der Standesbeamten erfolgt in diesem Falle durch den Gemeindevorstand unter Genehmigung der höheren Verwaltungsbehörde.

In der gleichen Weise erfolgt die Bestellung der Stellvertreter.

Die durch den Gemeindevorstand ernannten besonderen Standesbeamten und deren Stellvertreter sind Gemeindebeamte.

§ 5. Die durch die höhere Verwaltungsbehörde erfolgte Bestellung und Genehmigung zur Bestellung ist jederzeit widerruflich.

§ 6. Ist ein Standesamtsbezirk aus mehreren Gemeinden gebildet, so werden der Standesbeamte und dessen Stellvertreter stets von der höheren Verwaltungsbehörde bestellt.

Ein jeder Vorsteher oder andere Beamte einer dieser Gemeinden ist verpflichtet, das Amt des Standesbeamten oder des Stellvertreters zu übernehmen.

Die landesgesetzlichen Vorschriften, nach welchen den Vorstehern der aus mehreren Gemeinden gebildeten Verbände die gleiche Verpflichtung obliegt, werden hierdurch nicht berührt.

§ 7. Die etwa erforderliche Entschädigung der nach § 4 von den Gemeinden bestellten Standesbeamten fällt der Gemeinde zur Last.

Die in § 6 Absatz 2 und 3 bezeichneten Beamten sind berechtigt, für Wahrnehmung der Geschäfte des Standesbeamten von den zum Bezirk ihres Hauptamtes nicht gehörigen Gemeinden eine in allen Fällen als Pauschquantum festzusetzende Entschädigung zu beanspruchen.

Die Festsetzung erfolgt durch die untere Verwaltungsbehörde; über Beschwerden entscheidet endgültig die höhere Verwaltungsbehörde.

Bestellt die höhere Verwaltungsbehörde andere Personen zu Standesbeamten oder zu Stellvertretern, so fällt die etwa zu gewährende Entschädigung der Staatskasse zur Last.

§ 8. Die sächlichen Kosten werden in allen Fällen von den Gemeinden getragen; die Register und Formulare zu allen Registerauszügen werden jedoch den Gemeinden von der Centralbehörde des Bundesstaates kostenfrei geliefert.

§ 9. In Standesamtsbezirken, welche aus mehreren Gemeinden gebildet sind, wird die den Standesbeamten oder den Stellvertretern zu gewährende Entschädigung und der Betrag der sächlichen Kosten auf die einzelnen betheiligten Gemeinden nach dem Maßstabe der Seelenzahl vertheilt.

§ 10. Den Gemeinden im Sinne dieses Gesetzes werden die außerhalb der Gemeinden stehenden Gutsbezirke, den Gemeindevorstehern die Vorsteher dieser Bezirke gleich geachtet.

§ 11. Die Aufsicht über die Amtsführung der Standesbeamten wird von der unteren Verwaltungsbehörde, in höherer Instanz von der höheren Verwaltungsbehörde geübt, insoweit die Landesgesetze nicht andere Aufsichtsbehörden bestimmen.

Die Aufsichtsbehörde ist befugt, gegen den Standesbeamten Warnungen, Verweise und Geldstrafen zu verhängen. Letztere dürfen für jeden einzelnen Fall den Betrag von einhundert Mark nicht übersteigen.

Lehnt der Standesbeamte die Vornahme einer Amtshandlung ab, so kann er dazu auf Antrag der Betheiligten durch das Gericht angewiesen werden. Zuständig ist das Gericht erster Instanz, in dessen Bezirk der Standesbeamte seinen Amtssitz hat. Das Verfahren und die Beschwerdeführung regelt sich, insoweit die Landesgesetze nicht ein Anderes bestimmen, nach den Vorschriften, welche in Sachen der nichtstreitigen Gerichtsbarkeit gelten.

§ 12. Von jedem Standesbeamten sind drei Standesregister unter der Bezeichnung:

Geburtsregister,
Heirathsregister,
Sterberegister

zu führen.

§ 13. Die Eintragungen in die Standesregister erfolgen unter fortlaufenden Nummern und ohne Abkürzungen. Unvermeidliche Zwischenräume sind durch Striche auszufüllen, die wesentlichen Zahlenangaben mit Buchstaben zu schreiben.

Die auf mündliche Anzeige oder Erklärung erfolgenden Eintragungen sollen enthalten:

1) den Ort und Tag der Eintragung:
2) die Bezeichnung der Erschienenen;
3) den Vermerk des Standesbeamten, daß und auf welche Weise er sich die Ueberzeugung von der Persönlichkeit der Erschienenen verschafft hat;
4) den Vermerk, daß die Eintragung den Erschienenen vorgelesen und von denselben genehmigt ist;
5) die Unterschrift der Erschienenen und, falls sie schreibensunkundig oder zu schreiben verhindert sind, ihr Handzeichen oder die Angabe des Grundes, aus welchem sie dieses nicht beifügen konnten;
6) die Unterschrift des Standesbeamten.

Die auf schriftliche Anzeige erfolgenden Eintragungen sind unter Angabe von Ort und Tag der Eintragung zu bewirken und durch die Unterschrift des Standesbeamten zu vollziehen.

Zusätze, Löschungen oder Abänderungen sind am Rande zu vermerken und gleich der Eintragung selbst besonders zu vollziehen.

§ 14. Von jeder Eintragung in das Register ist von dem Standesbeamten an demselben Tage eine von ihm zu beglaubigende Abschrift in ein Nebenregister einzutragen.

Nach Ablauf des Kalenderjahres hat der Standesbeamte jedes Haupt- und jedes Nebenregister unter Vermerkung der Zahl der darin enthaltenen Eintragungen abzuschließen und das Nebenregister der Aufsichtsbehörde einzureichen; die letztere hat dasselbe nach erfolgter Prüfung dem Gerichte erster Instanz znr Aufbewahrung zuzustellen.

Eintragungen, welche nach Einreichung des Nebenregisters in dem Hauptregister gemacht werden, sind gleichzeitig der Aufsichtsbehörde in beglaubigter Abschrift mitzutheilen. Die letztere hat zu veranlassen, daß diese Eintragungen dem Nebenregister beigeschrieben werden.

§ 15. Die ordnungsmäßig geführten Standesregister (§§ 12 bis 14) beweisen diejenigen Thatsachen, zu deren Beurkundung sie bestimmt und welche in ihnen eingetragen sind, bis der Nachweis der Fälschung, der unrichtigen Eintragung oder der Unrichtigkeit der Anzeigen und Feststellungen, auf Grund deren die Eintragung stattgefunden hat, erbracht ist.

Dieselbe Beweiskraft haben die Auszüge, welche als gleichlautend mit dem Haupt- oder Nebenregister bestätigt und mit der Unterschrift und dem Dienstsiegel des Standesbeamten oder des zuständigen Gerichtsbeamten versehen sind.

Inwiefern durch Verstöße gegen die Vorschriften dieses Gesetzes über Art und Form der Eintragungen die Beweiskraft aufgehoben oder geschwächt wird, ist nach freiem richterlichen Ermessen zu beurtheilen.

§ 16. Die Führung der Standesregister und die darauf bezüglichen Verhandlungen erfolgen kosten- und stempelfrei.

Gegen Zahlung der nach dem angehängten Tarife zulässigen Gebühren müssen die Standesregister Jedermann zur Einsicht vorgelegt, sowie beglaubigte Auszüge (§ 15) aus denselben ertheilt werden. Im amtlichen Interesse und bei Unvermögen der Betheiligten ist die Einsicht der Register und die Ertheilung der Auszüge gebührenfrei zu gewähren.

Jeder Auszug einer Eintragung muß auch die zu derselben gehörigen Ergänzungen und Berichtigungen enthalten.

Zweiter Abschnitt.

Beurkundung der Geburten.

§ 17. Jede Geburt eines Kindes ist innerhalb einer Woche dem Standesbeamten des Bezirks, in welchem die Niederkunft stattgefunden hat, anzuzeigen.

§ 18. Zur Anzeige sind verpflichtet:

1) der eheliche Vater;
2) die bei der Niederkunft zugegen gewesene Hebamme;
3) der dabei zugegen gewesene Arzt;
4) jede andere dabei zugegen gewesene Person;
5) die Mutter, sobald sie dazu im Stande ist.

Jedoch tritt die Verpflichtung der in der vorstehenden Reihenfolge später genannten Personen nur dann ein, wenn ein früher genannter Verpflichteter nicht vorhanden oder derselbe an der Erstattung der Anzeige verhindert ist.

§ 19. Die Anzeige ist mündlich von dem Verpflichteten selbst oder durch eine andere aus eigener Wissenschaft unterrichtete Person zu machen.

§ 20. Bei Geburten, welche sich in öffentlichen Entbindungs-, Hebammen-, Kranken-, Gefangen- und ähnlichen Anstalten, sowie in Kasernen ereignen, trifft die Verpflichtung zur

Anzeige ausschließlich den Vorsteher der Anstalt oder den von der zuständigen Behörde ermächtigten Beamten. Es genügt eine schriftliche Anzeige in amtlicher Form.

§ 21. Der Standesbeamte ist verpflichtet, sich von der Richtigkeit der Anzeige (§§ 17 bis 20), wenn er dieselbe zu bezweifeln Anlaß hat, in geeigneter Weise Ueberzeugung zu verschaffen.

§ 22. Die Eintragung des Geburtsfalles soll enthalten

1) Vor- und Familiennamen, Stand oder Gewerbe und Wohnort des Anzeigenden;
2) Ort, Tag und Stunde der Geburt;
3) Geschlecht des Kindes;
4) Vornamen des Kindes;
5) Vor- und Familiennamen, Religion, Stand oder Gewerbe und Wohnort der Eltern.

Bei Zwillings- oder Mehrgeburten ist die Eintragung für jedes Kind besonders und so genau zu bewirken, daß die Zeitfolge der verschiedenen Geburten ersichtlich ist.

Standen die Vornamen des Kindes zur Zeit der Anzeige noch nicht fest, so sind dieselben nachträglich und längstens binnen zwei Monaten nach der Geburt anzuzeigen. Ihre Eintragung erfolgt am Rande der ersten Eintragung.

§ 23. Wenn ein Kind todtgeboren oder in der Geburt verstorben ist, so muß die Anzeige spätestens am nächstfolgenden Tage geschehen. Die Eintragung ist alsdann mit dem im § 22 unter Nr. 1 bis 3 und 5 angegebenen Inhalte nur im Sterberegister zu machen.

§ 24. Wer ein neugeborenes Kind findet, ist verpflichtet, hiervon spätestens am nächstfolgenden Tage Anzeige bei der Ortspolizeibehörde zu machen. Die letztere hat die erforderlichen Ermittelungen vorzunehmen und dem Standesbeamten des Bezirks von deren Ergebniß behufs Eintragung in das Geburtsregister Anzeige zu machen.

Die Eintragung soll enthalten die Zeit, den Ort und die Umstände des Auffindens, die Beschaffenheit und die Kennzeichen der bei dem Kinde vorgefundenen Kleider und sonstigen Gegenstände, die körperlichen Merkmale des Kindes, sein vermuthliches Alter, sein Geschlecht, die Behörde, Anstalt oder Person, bei welcher das Kind untergebracht worden, und die Namen, welche ihm beigelegt werden.

§ 25. Die Anerkennung eines unehelichen Kindes darf in das Geburtsregister nur dann eingetragen werden, wenn dieselbe vor dem Standesbeamten oder in einer gerichtlich oder notariell aufgenommenen Urkunde erklärt ist.

§ 26. Wenn die Feststellung der Abstammung eines Kindes erst nach Eintragung des Geburtsfalles erfolgt, oder die Standesrechte durch Legitimation, Annahme an Kindesstatt oder in anderer Weise eine Veränderung erleiden, so ist dieser Vorgang, sofern er durch öffentliche Urkunden nachgewiesen wird, auf Antrag eines Betheiligten am Rande der über den Geburtsfall vorgenommenen Eintragung zu vermerken.

§ 27. Wenn die Anzeige eines Geburtsfalles über drei Monate verzögert wird, so darf die Eintragung nur mit Genehmigung der Aufsichtsbehörde nach Ermittelung des Sachverhalts erfolgen.

Die Kosten dieser Ermittelung sind von Demjenigen einzuziehen, welcher die rechtzeitige Anzeige versäumt hat.

Dritter Abschnitt.

Erfordernisse der Eheschließung.

§ 28. Zur Eheschließung ist die Einwilligung und die Ehemündigkeit der Eheschließenden erforderlich.

Die Ehemündigkeit des männlichen Geschlechts tritt mit dem vollendeten zwanzigsten Lebensjahre, die des weiblichen Geschlechts mit dem vollendeten sechszehnten Lebensjahre ein.

Dispensation ist zulässig.

§ 29. Eheliche Kinder bedürfen zur Eheschließung, so lange der Sohn das fünfundzwanzigste, die Tochter das vierundzwanzigste Lebensjahr nicht vollendet hat, der Einwilligung des Vaters, nach dem Tode des Vaters der Einwilligung der Mutter und, wenn sie minderjährig sind, auch des Vormundes.

Sind beide Eltern verstorben, so bedürfen Minderjährige der Einwilligung des Vormundes.

Dem Tode des Vaters oder der Mutter steht es gleich, wenn dieselben zur Abgabe einer Erklärung dauernd außer Stande sind oder ihr Aufenthalt dauernd unbekannt ist.

Eine Einwilligung des Vormunds ist für diejenigen Minderjährigen nicht erforderlich, welche nach Landesrecht einer Vormundschaft nicht unterliegen.

Inwiefern die Wirksamkeit einer Vormundschafts-Behörde oder eines Familienrathes stattfindet, bestimmt sich nach Landesrecht.

§ 30. Auf uneheliche Kinder finden die im vorhergehenden Paragraphen für vaterlose eheliche Kinder gegebenen Bestimmungen Anwendung.

§ 31. Bei angenommenen Kindern tritt an Stelle des Vaters (§ 29 Nr. 1) Derjenige, welcher an Kindesstatt angenommen hat. Diese Bestimmung findet in denjenigen Theilen des Bundesgebiets keine Anwendung, in welchen durch eine Annahme an Kindesstatt die Rechte der väterlichen Gewalt nicht begründet werden können.

§ 32. Im Falle der Versagung der Einwilligung zur Eheschließung steht großjährigen Kindern die Klage auf richterliche Ergänzung zu.

§ 33. Die Ehe ist verboten:

1) zwischen Verwandten in auf- und absteigender Linie,
2) zwischen voll- und halbbürtigen Geschwistern,
3) zwischen Stiefeltern und Stiefkindern, Schwiegereltern und Schwiegerkindern jeden Grades, ohne Unterschied, ob das Verwandtschafts- oder Schwägerschaftsverhältniß auf ehelicher oder außerehelicher Geburt beruht und ob die Ehe, durch welche die Stief- oder Schwiegerverbindung begründet wird, noch besteht oder nicht,
4) zwischen Personen, deren eine die andere an Kindesstatt angenommen hat, so lange dieses Rechtsverhältniß besteht,
5) zwischen einem wegen Ehebruchs Geschiedenen und seinem Mitschuldigen.

Im Falle der Nr. 5 ist Dispensation zulässig.

§ 34. Niemand darf eine neue Ehe schließen, bevor seine frühere Ehe aufgelöst, für ungültig oder für nichtig erklärt ist.

§ 35. Frauen dürfen erst nach Ablauf des zehnten Monats seit Beendigung der früheren Ehe eine weitere Ehe schließen.

Dispensation ist zulässig.

§ 36. Hinsichtlich der rechtlichen Folgen einer gegen die Bestimmungen der §§ 28 bis 35 geschlossenen Ehe sind die Vorschriften des Landesrechts maßgebend.

Dasselbe gilt von dem Einflusse des Zwangs, Irrthums und Betrugs auf die Gültigkeit der Ehe.

§ 37. Die Eheschließung eines Pflegebefohlenen mit seinem Vormund oder dessen Kindern ist während der Dauer der Vormundschaft unzulässig.

Ist die Ehe gleichwohl geschlossen, so kann dieselbe als ungültig nicht angefochten werden.

§ 38. Die Vorschriften, welche die Ehe der Militärpersonen, der Landesbeamten und der Ausländer von einer Erlaubniß abhängig machen, werden nicht berührt. Auf die Rechtsgiltigkeit der geschlossenen Ehe ist der Mangel dieser Erlaubniß ohne Einfluß.

Ein Gleiches gilt von den Vorschriften, welche vor der Eheschließung eine Nachweisung, Auseinandersetzung oder Sicherstellung des Vermögens erfordern.

§ 39. Alle Vorschriften, welche das Recht zur Eheschließung weiter beschränken, als es durch dieses Gesetz geschieht, werden aufgehoben.

§ 40. Die Befugniß zur Dispensation von Ehehindernissen steht nur dem Staate zu. Ueber die Ausübung dieser Befugniß haben die Landesregierungen zu bestimmen.

Vierter Abschnitt.

Form und Beurkundung der Eheschließung.

§ 41. Innerhalb des Gebietes des Deutschen Reichs kann eine Ehe rechtsgültig nur vor dem Standesbeamten geschlossen werden.

§ 42. Zuständig ist der Standesbeamte, in dessen Bezirk einer der Verlobten seinen Wohnsitz hat oder sich gewöhnlich aufhält. Unter mehreren zuständigen Standesbeamten haben die Verlobten die Wahl.

Eine nach den Vorschriften dieses Gesetzes geschlossene Ehe kann nicht aus dem Grunde angefochten werden, weil der Standesbeamte nicht der zuständige gewesen ist.

§ 43. Auf schriftliche Ermächtigung des zuständigen Standesbeamten darf die Eheschließung auch vor dem Standesbeamten eines anderen Orts stattfinden.

§ 44. Der Eheschließung soll ein Aufgebot vorhergehen. Für die Anordnung desselben ist jeder Standesbeamte zuständig, vor welchem nach § 42 Absatz 1 die Ehe geschlossen werden kann.

§ 45. Vor Anordnung des Aufgebots sind dem Standesbeamten (§ 44) die zur Eheschließung gesetzlich nothwendigen Erfordernisse als vorhanden nachzuweisen.

Insbesondere haben die Verlobten in beglaubigter Form beizubringen:

1) ihre Geburtsurkunden;
2) die zustimmende Erklärung derjenigen, deren Einwilligung nach dem Gesetze erforderlich ist.

Der Beamte kann die Beibringung dieser Urkunden erlassen, wenn ihm die Thatsachen, welche durch dieselben festgestellt werden sollen, persönlich bekannt oder sonst glaubhaft nachgewiesen sind. Auch kann er von unbedeutenden Abweichungen in den Urkunden, beispielsweise von einer verschiedenen Schreibart der Namen oder einer Verschiedenheit der Vornamen absehen, wenn in anderer Weise die Persönlichkeit der Betheiligten festgestellt wird.

Der Beamte ist berechtigt, den Verlobten die eidesstattliche Versicherung über die Richtigkeit der Thatsachen abzunehmen, welche durch die vorliegenden Urkunden oder die sonst beigebrachten Beweismittel ihm nicht als hinreichend festgestellt erscheinen.

§ 46. Das Aufgebot ist bekannt zu machen:
1) in der Gemeinde, oder in den Gemeinden, woselbst die Verlobten ihren Wohnsitz haben;
2) wenn einer der Verlobten seinen gewöhnlichen Aufenthalt außerhalb seines gegenwärtigen Wohnsitzes hat, auch in der Gemeinde seines jetzigen Aufenthalts;
3) wenn einer der Verlobten seinen Wohnsitz innerhalb der letzten sechs Monate gewechselt hat, auch in der Gemeinde seines früheren Wohnsitzes.

Die Bekanntmachung hat die Vor- und Familiennamen, den Stand oder das Gewerbe und den Wohnort der Verlobten und ihrer Eltern zu enthalten.

Sie ist während zweier Wochen an dem Raths- oder Gemeindehause, oder an der sonstigen, zu Bekanntmachungen der Gemeindebehörde bestimmten Stelle auszuhängen.

§ 47. Ist einer der Orte, an welchem nach § 46 das Aufgebot bekannt zu machen ist, im Auslande belegen, so ist an Stelle des an diesem Orte zu bewirkenden Aushanges die Bekanntmachung auf Kosten des Antragstellers einmal in ein Blatt einzurücken, welches an dem ausländischen Orte erscheint oder verbreitet ist. Die Eheschließung ist nicht vor Ablauf zweier Wochen nach dem Tage der Ausgabe der betreffenden Nummer des Blattes zulässig.

Es bedarf dieser Einrückung nicht, wenn eine Bescheinigung der betreffenden ausländischen Ortsbehörde dahin beigebracht wird, daß ihr von dem Bestehen eines Ehehindernisses nichts bekannt sei.

§ 48. Kommen Ehehindernisse zur Kenntniß des Standesbeamten, so hat er die Eheschließung abzulehnen.

§ 49. Soll die Ehe vor einem anderen Standesbeamten als demjenigen geschlossen werden, welcher das Aufgebot angeordnet hat, so hat der letztere eine Bescheinigung dahin auszustellen, daß und wann das Aufgebot vorschriftsmäßig erfolgt ist und daß Ehehindernisse nicht zu seiner Kenntniß gekommen sind.

§ 50. Die Befugniß zur Dispensation von dem Aufgebot steht nur dem Staate zu. Ueber die Ausübung dieser Befugniß haben die Landesregierungen zu bestimmen.

Wird eine lebensgefährliche Krankheit, welche einen Aufschub der Eheschließung nicht gestattet, ärztlich bescheinigt, so kann der Standesbeamte (§ 42. Abs. 1) auch ohne Aufgebot die Eheschließung vornehmen.

§ 51. Das Aufgebot verliert seine Kraft, wenn seit dessen Vollziehung sechs Monate verstrichen sind, ohne daß die Ehe geschlossen worden ist.

§ 52. Die Eheschließung erfolgt in Gegenwart von zwei Zeugen durch die an die Verlobten einzeln und nach einander gerichtete Frage des Standesbeamten:

> ob sie erklären, daß sie die Ehe miteinander eingehen wollen,

durch die bejahende Antwort der Verlobten und den hierauf erfolgenden Ausspruch des Standesbeamten, daß er sie nunmehr kraft des Gesetzes für rechtmäßig verbundene Eheleute erkläre.

§ 53. Als Zeugen sollen nur Großjährige zugezogen werden. Verwandtschaft und Schwägerschaft zwischen den Betheiligten und den Zeugen, oder zwischen den Zeugen unter einander steht deren Zuziehung nicht entgegen.

§ 54. Die Eintragung in das Heirathsregister soll enthalten:

1) Vor- und Familiennamen, Religion, Alter, Stand oder Gewerbe, Geburts- und Wohnort der Eheschließenden;
2) Vor- und Familiennamen, Stand oder Gewerbe und Wohnort ihrer Eltern;
3) Vor- und Familiennamen, Alter, Stand oder Gewerbe und Wohnort der zugezogenen Zeugen;
4) die Erklärung der Eheschließenden;
5) den Ausspruch des Standesbeamten.

Ueber die erfolgte Eheschließung ist den Eheleuten sofort eine Bescheinigung auszustellen.

§ 55. Ist eine Ehe für aufgelöst, ungültig oder nichtig erklärt worden, so ist dies am Rande der über die Eheschließung bewirkten Eintragung zu vermerken.

Die landesgesetzlichen Vorschriften, nach welchen es zur Trennung einer Ehe einer besonderen Erklärung und Beurkundung vor dem Standesbeamten bedarf, werden hierdurch nicht berührt.

Fünfter Abschnitt.

Beurkundung der Sterbefälle.

§ 56. Jeder Sterbefall ist spätestens am nächstfolgenden Wochentage dem Standesbeamten des Bezirks, in welchem der Tod erfolgt ist, anzuzeigen.

§ 57. Zu der Anzeige verpflichtet ist das Familienhaupt, und wenn ein solches nicht vorhanden oder an der Anzeige behindert ist, derjenige, in dessen Wohnung oder Behausung der Sterbefall sich ereignet hat.

§ 58. Die §§ 19 bis 21 kommen auch in Beziehung auf die Anzeige der Sterbefälle zur Anwendung.

Findet eine amtliche Ermittelung über den Todesfall statt, so erfolgt die Eintragung auf Grund der schriftlichen Mittheilung der zuständigen Behörde.

§ 59. Die Eintragung des Sterbefalles soll enthalten:

1) Vor- und Familiennamen, Stand oder Gewerbe und Wohnort des Anzeigenden;
2) Ort, Tag und Stunde des erfolgten Todes;
3) Vor- und Familiennamen, Religion, Alter, Stand oder Gewerbe, Wohnort und Geburtsort des Verstorbenen;
4) Vor- und Familiennamen seines Ehegatten, oder Vermerk, daß der Verstorbene ledig gewesen sei;
5) Vor- und Familiennamen, Stand oder Gewerbe und Wohnort der Eltern des Verstorbenen.

Soweit diese Verhältnisse unbekannt sind, ist dies bei der Eintragung zu vermerken.

§ 60. Ohne Genehmigung der Ortspolizeibehörde darf keine Beerdigung vor der Eintragung des Sterbefalles in das Sterberegister stattfinden. Ist die Beerdigung dieser Vorschrift entgegen geschehen, so darf die Eintragung des Sterbefalles nur mit Genehmigung der Aufsichtsbehörde nach Ermittelung des Sachverhaltes erfolgen.

Sechster Abschnitt.

Beurkundung des Personenstandes der auf See befindlichen Personen.

§ 61. Geburten und Sterbefälle, welche sich auf Seeschiffen während der Reise ereignen, sind nach den Vorschriften dieses Gesetzes spätestens am nächstfolgenden Tage nach der Geburt oder dem Todesfall von dem Schiffer, unter Zuziehung von zwei Schiffsoffizieren oder andern glaubhaften Personen, in dem Tagebuch zu beurkunden. Bei Sterbefällen ist zugleich die muthmaßliche Ursache des Todes zu vermerken.

§ 62. Der Schiffer hat zwei von ihm beglaubigte Abschriften der Urkunden demjenigen Seemannsamte, bei dem es zuerst geschehen kann, zu übergeben. Eine dieser Abschriften ist bei dem Seemannsamte aufzubewahren, die andere ist demjenigen Standesbeamten, in dessen Bezirk die Eltern des Kindes, beziehungsweise der Verstorbene, ihren Wohnsitz haben oder zuletzt gehabt haben, behufs der Eintragung in das Register zuzufertigen.

§ 63. Ist der Schiffer verstorben oder verhindert, so hat der Steuermann die in den §§ 61 und 62 dem Schiffer auferlegten Verpflichtungen zu erfüllen.

§ 64. Sobald das Schiff in den inländischen Hafen eingelaufen ist, in welchem es seine Fahrt beendet, ist das Tagebuch der für den Standesbeamten des Hafenortes zuständigen Aufsichtsbehörde vorzulegen.

Diese hat beglaubigte Abschrift der in das Tagebuch eingetragenen Standesurkunde dem Standesbeamten, in dessen Register der Fall gehört (§ 62), behufs Kontrolirung der Eintragungen zuzustellen.

Siebenter Abschnitt.

Berichtigung der Standesregister.

§ 65. Die Berichtigung einer Eintragung in dem Standesregister kann nur auf Grund gerichtlicher Anordnung erfolgen. Sie geschieht durch Beischreibung eines Vermerks am Rande der zu berichtigenden Eintragung.

§ 66. Für das Berichtigungsverfahren gelten, insoweit die Landesgesetze nicht ein anderes bestimmen, die nachstehenden Vorschriften.

Die Aufsichtsbehörde hat, wenn ein Antrag auf Berichtigung gestellt wird, oder wenn sie eine solche von Amtswegen für erforderlich erachtet, die Betheiligten zu hören und geeignetenfalls eine Aufforderung durch ein öffentliches Blatt zu erlassen. Die abgeschlossenen Verhandlungen hat sie demnächst dem Gerichte erster Instanz vorzulegen. Dieses kann noch weitere thatsächliche Aufklärungen veranlassen und geeignetenfalls den Antragsteller auf den Prozeßweg verweisen.

Im Uebrigen finden die für Sachen der nichtstreitigen Gerichtsbarkeit geltenden Vorschriften Anwendung.

Achter Abschnitt.

Schlußbestimmungen.

§ 67. Ein Geistlicher oder anderer Religionsdiener, welcher zu den religiösen Feierlichkeiten einer Eheschließung schreitet, bevor ihm nachgewiesen worden ist, daß die Ehe vor dem Standesbeamten geschlossen sei, wird mit Geldstrafe bis zu dreihundert Mark oder mit Gefängniß bis zu drei Monaten bestraft.

§ 68. Wer den in den §§ 17 bis 20, 22 bis 24, 56 bis 58 vorgeschriebenen Anzeigepflichten nicht nachkommt, wird mit Geldstrafe bis zu einhundertfünfzig Mark oder mit Haft bestraft. Die Strafverfolgung tritt nicht ein, wenn die Anzeige, obwohl nicht von den zunächst Verpflichteten, doch rechtzeitig gemacht worden ist.

Die bezeichnete Strafe trifft auch den Schiffer oder Steuermann, welcher den Vorschriften der §§ 61 bis 64 zuwiderhandelt.

Die Standesbeamten sind außerdem befugt, die zu Anzeigen oder zu sonstigen Handlungen auf Grund dieses Gesetzes Verpflichteten hierzu durch Geldstrafen anzuhalten, welche für jeden einzelnen Fall den Betrag von fünfzehn Mark nicht übersteigen dürfen.

§ 69. Ein Standesbeamter, welcher unter Außerachtlassung der in diesem Gesetze gegebenen Vorschriften eine Eheschließung vollzieht, wird mit Geldstrafe bis zu Sechshundert Mark bestraft.

§ 70. Gebühren und Geldstrafen, welche in Gemäßheit dieses Gesetzes zur Erhebung gelangen, fließen, insoweit die Landesgesetze nicht ein Anderes bestimmen, den Gemeinden zu, welche die sächlichen Kosten der Standesämter (§§ 8, 9) zu tragen haben.

§ 71. In welcher Weise die Verrichtungen der Standesbeamten in Bezug auf solche Militärpersonen wahrzunehmen sind, welche ihr Standquartier nicht innerhalb des Deutschen Reiches, oder dasselbe nach eingetretener Mobilmachung verlassen haben, oder welche sich auf den in Dienst gestellten Schiffen oder anderen Fahrzeugen der Marine befinden, wird durch Kaiserliche Verordnung bestimmt.

§ 72. Für die Landesherren und die Mitglieder der landesherrlichen Familien, sowie der Fürstlichen Familie Hohenzollern erfolgt die Ernennung des Standesbeamten und die Bestimmung über die Art der Führung und Aufbewahrung der Standesregister durch Anordnung des Landesherrn.

In Betreff der Stellvertretung der Verlobten und in Betreff des Aufgebotes entscheidet die Observanz.

Im Uebrigen werden in Ansehung der Mitglieder dieser Häuser die auf Hausgesetzen oder Observanz beruhenden Bestimmungen über die Erfordernisse der Eheschließung und über die Gerichtsbarkeit in Ehesachen nicht berührt.

§ 73. Den mit der Führung der Standesregister oder Kirchenbücher bisher betraut gewesenen Behörden und Beamten verbleibt die Berechtigung und Verpflichtung, über die bis zur Wirksamkeit dieses Gesetzes eingetragenen Geburten, Heirathen und Sterbefälle Zeugnisse zu ertheilen.

§ 74. Unberührt bleiben die landesgesetzlichen Vorschriften, welche

1) Geistlichen und Kirchendienern aus Anlaß der Einführung der bürgerlichen Standesregister und der bürgerlichen Form der Eheschließung einen Anspruch auf Entschädigung gewähren;
2) bestimmten Personen die Pflicht zu Anzeigen von Geburts- und Todesfällen auferlegen.

Wo die Zulässigkeit der Ehe nach den bestehenden Landesgesetzen von einem Aufgebote abhängig ist, welches durch andere bürgerliche Beamte als die Standesbeamten vollzogen wird, vertritt dieses die Stelle des von den Standesbeamten anzuordnenden Aufgebots.

§ 75. Innerhalb solcher Grenzpfarreien, deren Bezirk sich in das Ausland erstreckt, bleibt das bestehende Recht für die Beurkundung derjenigen Geburten und Sterbefälle, sowie für die Form und Beurkundung derjenigen Eheschließungen maßgebend, für welche ein Standesbeamter nach den Vorschriften dieses Gesetzes nicht zuständig, dagegen nach dem bestehenden Rechte die Zuständigkeit des Geistlichen begründet ist.

Im Geltungsgebiet des Preußischen Gesetzes vom 9. März 1874 ist unter dem bestehenden Rechte dasjenige Recht zu verstehen, welches vor dem Inkrafttreten jenes Gesetzes maßgebend war.

§ 76. In streitigen Ehe- und Verlöbnißsachen sind die bürgerlichen Gerichte ausschließlich zuständig. Eine geistliche oder eine durch die Zugehörigkeit zu einem Glaubensbekenntniß bedingte Gerichtsbarkeit findet nicht statt.

§ 77. Wenn nach dem bisherigen Rechte auf die beständige Trennung der Ehegatten von Tisch und Bett zu erkennen sein würde, ist fortan die Auflösung des Bandes der Ehe auszusprechen.

Ist vor dem Tage, an welchem dieses Gesetz in Kraft tritt, auf beständige Trennung von Tisch und Bett erkannt worden, so kann, wenn eine Wiedervereinigung der getrennten Ehegatten nicht stattgefunden hat, jeder derselben auf Grund des ergangenen Urtheils die Auflösung des Bandes der Ehe im ordentlichen Prozeßverfahren beantragen.

§ 78. Ehestreitigkeiten, welche in Bayern vor dem Tage, an welchem dieses Gesetz daselbst in Kraft tritt, durch Zustellung des Beschlusses über Zulässigkeit der Klage anhängig geworden sind, werden von dem mit der Sache befaßten Gericht bis zur rechtskräftigen Entscheidung nach Maßgabe der bisher geltenden Gesetze durchgeführt.

Daselbst kann die Auflösung der Ehe auf Grund eines die beständige Trennung von Tisch und Bett verfügenden Urtheils geltend gemacht werden, nachdem das Gericht auf Anrufen eines Ehegatten in dem nach Art. 675 Abs. 1 und 2 der Prozeßordnung in bürgerlichen Rechtsstreitigkeiten vom 29. April 1869 vorgesehenen Verfahren die Auflösung des Bandes der Ehe ausgesprochen hat.

Das Verfahren in den streitigen Ehesachen richtet sich in Bayern in den rechtsrheinischen Gebietstheilen nach den Bestimmungen des Hauptstückes XXVI. der genannten Prozeßordnung, in der Pfalz nach den Bestimmungen des Art. 69 des Gesetzes über die Einführung dieser Prozeßordnung.

§ 79. Dieses Gesetz tritt mit dem 1. Januar 1876 in Kraft. Es bleibt den Landesregierungen überlassen, das ganze Gesetz oder auch den dritten Abschnitt und § 77 im Verordnungswege früher einzuführen.

§ 80. Die vor dem Tage, an welchem dieses Gesetz in Kraft tritt, nach den Vorschriften des bisherigen Rechts ergangenen Aufgebote behalten ihre Wirksamkeit.

§ 81. Auf Geburts- und Sterbefälle, welche sich vor dem Tage, an welchem dieses Gesetz in Kraft tritt, ereignet haben, an diesem Tage aber noch nicht eingetragen sind, findet das gegenwärtige Gesetz mit der Maßgabe Anwendung, daß der Lauf der vorgeschriebenen Anzeigefristen mit dem Tage beginnt, an welchem dieses Gesetz in Kraft tritt.

Ein Gleiches gilt für den Fall, daß auch nur die Vornamen eines Kindes an diesem Tage noch nicht eingetragen sind.

§ 82. Die kirchlichen Verpflichtungen in Beziehung auf Taufe und Trauung werden durch dieses Gesetz nicht berührt.

§ 83. Die zur Ausführung dieses Gesetzes erforderlichen Bestimmungen werden, so weit dieselben nicht durch eine vom Bundesrath erlassene Ausführungsverordnung getroffen werden, von den einzelnen Landesregierungen erlassen.

§ 84. Welche Behörden in dem Bundesstaate unter der Bezeichnung: höhere Verwaltungsbehörde, untere Verwaltungsbehörde, Gemeindebehörde, Gemeindevorstand, Gericht erster Instanz zu verstehen sind, wird von der Centralbehörde des Bundesstaates bekannt gemacht.

§ 85. Durch dieses Gesetz werden die Bestimmungen des Gesetzes vom 4. Mai 1870, betreffend die Eheschließung und die Beurkundung des Personenstandes von Reichsangehörigen im Auslande, nicht berührt.

Der Reichskanzler kann einem diplomatischen Vertreter oder einem Consul des Deutschen Reiches die allgemeine Ermächtigung zur Vornahme von Eheschließungen und zur Beurkundung der Geburten, Heirathen und Sterbefälle, wie für Reichsangehörige so auch für Schutzgenossen, ertheilen.

Diese Vorschrift tritt mit dem 1. März 1875 in Kraft.

Urkundlich ꝛc.

Gegeben Berlin, den 6. Februar 1875.

Wilhelm.

Gebühren-Tarif.

I. Gebührenfrei sind die nach §§ 49 und 54 oder zum Zwecke der Taufe oder der Beerdigung ertheilten Bescheinigungen.

II. An Gebühren kommen zum Ansatz:

1) Für Vorlegung der Register zur Einsicht, und zwar für jeden Jahrgang . eine halbe Mark; für mehrere Jahrgänge zusammen jedoch höchstens . . . . ein und eine halbe Mark.

2) Für die schriftliche Ermächtigung nach § 43 und für jeden beglaubigten Auszug aus den Registern mit Einschluß der Schreibgebühren . . . . eine halbe Mark.

Bezieht sich der Auszug auf mehrere Eintragungen und erfordert derselbe das Nachschlagen von mehr als einem Jahrgange der Register, für jeden weiter nachzuschlagenden Jahrgang noch eine halbe Mark, jedoch zusammen höchstens . . . . zwei Mark.

Auszug

aus dem bayerischen Gesetze über Heimath, Verehelichung und Aufenthalt

vom 16. April 1868, nach der Fassung der Novelle vom 23. Februar 1872.

(Reservat.)

Titel II.

Von der Verehelichung.

Voraussetzungen der Verehelichung.

Art. 32. Jeder Angehörige der Landestheile diesseits des Rheins hat unter nachstehenden Voraussetzungen das Recht, sich zu verehelichen.

Art. 33. Die Verehelichung darf nur erfolgen auf Grund eines von der zuständigen Behörde ausgestellten Zeugnisses, daß gegen die beabsichtigte Eheschließung kein im gegenwärtigen Gesetze begründetes Hinderniß bestehe.

Eine im Widerspruche mit dieser Bestimmung eingegangene Ehe ist, so lange als die Ausstellung jenes Zeugnisses nicht nachträglich erwirkt wurde, bürgerlich ungiltig, es sei denn, daß die Ehe von einem Manne, welcher außerhalb Europas seinen Wohnsitz hat, am Orte dieses Wohnsitzes oder sonst außerhalb Bayerns abgeschlossen wurde und nach dem Gesetze des betreffenden Staates als giltig zu betrachten ist.

Zuständig zur Ausstellung dieses Zeugnisses ist die Distriktsverwaltungsbehörde jener Gemeinde, in welcher der Mann seine Heimath hat.

Art. 34. Die Ausstellung des Zeugnisses ist bedingt:

1) Durch den Nachweis, daß der Verehelichung des Mannes die Militärdienstpflicht nicht hindernd im Wege steht;

2) durch die nach Vorschrift des Artikels 35 gepflogenen Erhebungen über das Nichtvorhandensein civilrechtlicher Ehehindernisse;
3) durch Beibringung der nach bestehenden Dienstesvorschriften erforderlichen dienstlichen Bewilligung, falls der Mann eine im Dienste des Staates, der Kirche, einer öffentlichen Korporation oder Stiftung verwendete Person ist, deren Anstellung dem Staatsoberhaupte oder einer Staatsbehörde zusteht;
4) — — —
5) durch das Nichtbestehen eines in Art. 36 begründeten Einspruchs.

Ueberdies hat der Bewerber alle zur Würdigung des Gesuchs erforderlichen Aufschlüsse zu ertheilen und Nachweis über Alter, Stand und Heimath der Braut, sowie ihrer etwa vorhandenen Kinder beizubringen.

Einspruchsrechte.

Art. 35. Wird die Schließung einer Ehe beabsichtigt, so ist dieses durch öffentlichen Anschlag mit dem Beifügen bekannt zu machen, daß jene Personen, welche gegen Schließung dieser Ehe auf Grund civilrechtlicher Bestimmungen Einspruch erheben wollen, ihren Einspruch binnen 10 Tagen bei der Gemeindeverwaltung oder bei der nach Art. 33 zuständigen Distriktsverwaltungsbehörde geltend zu machen haben.

Diese Bekanntmachung ist zu erlassen und während 10 Tagen öffentlich anzuheften:
1) von der Verwaltung jener Gemeinde, in welcher beide Brautleute ihren Aufenthalt haben;
2) wenn die Brautleute sich nicht in derselben Gemeinde aufhalten, von der Verwaltung jeder der beiden Gemeinden, in welcher die Braut oder der Bräutigam ihren Aufenthalt haben.

Die Gemeindeverwaltung hat auf der Bekanntmachungsurkunde zu bestätigen, daß letztere während 10 Tagen in der Gemeinde öffentlich angeheftet war.

Ist die Bekanntmachung in einer Gemeinde der Pfalz oder außerhalb Bayerns zu erlassen, so genügt die Beobachtung der dort für Aufgebote geltenden Vorschriften.

Wenn ein Betheiligter innerhalb der gesetzlichen Frist einen auf civilrechtliche Bestimmung sich gründenden Einspruch erhebt und binnen 10 Tagen nach Abgabe der desfallsigen Erklärung nachweist, daß dieser Einspruch bei Gericht geltend gemacht worden ist, so hat die Distriktsverwaltungsbehörde das in Art. 33 vorgeschriebene Zeugniß so lange zu versagen, bis durch Beibringung eines Bescheids des zuständigen Gerichts die legale Beseitigung des erhobenen Einspruchs nachgewiesen wird.

Wurde innerhalb der gesetzlichen Frist zwar kein Einspruch erhoben, ist es aber amtsbekannt oder aus bestimmten Gründen wahrscheinlich, daß gleichwohl der beabsichtigten Ehe ein civilrechtliches Gebot hindernd im Wege steht, so hat die Distriktsverwaltungsbehörde binnen längstens drei Tagen nach Empfang der Bekanntmachungsurkunde zu verfügen, daß durch Bestätigung des Stadt- oder Landgerichts, in dessen Bezirk die zunächst von jenem Eheverbote betroffene Person ihren Wohnsitz hat, das Nichtvorhandensein oder die legale Beseitigung des in Frage stehenden Ehehindernisses nachgewiesen werde, und hat bis zur Beibringung dieses Nachweises das in Art. 33 vorgeschriebene Zeugniß zu verweigern.

Art. 36. Die Gemeinde, in welcher der Mann seine Heimath hat, kann gegen Ausstellung des Verehelichungszeugnisses Einspruch erheben:

1) wenn der Mann wegen Verbrechens oder Vergehens verurtheilt ist und sich weder über Abbüßung noch über Nachlaß der Strafe auszuweisen vermag;
2) wenn und so lange sich derselbe wegen Verbrechens oder Vergehens in Untersuchung befindet;
3) wenn derselbe in den unmittelbar vorhergehenden drei Jahren öffentliche Armenunterstützung beansprucht oder erhalten hat;
4) wenn und so lange derselbe sich mit den der Gemeindekasse oder Armenkasse seiner Heimat-Gemeinde gegenüber ihm obliegenden Leistungen im Rückstande befindet;
5) wenn und so lange derselbe unter Curatel steht.

Die Geltendmachung des Einspruchsrechtes steht in Landgemeinden dem Gemeindeausschusse zu. In Gemeinden mit städtischer Verfassung ist der Magistrat befugt, das Nichtvorhandensein gesetzlicher Einspruchsgründe anzuerkennen, wenn dieses vollständig nachgewiesen und amtsbekannt ist. In zweifelhaften Fällen, sowie bei dem Vorhandensein eines unzweifelhaften Einspruchsgrundes haben die Gemeindebevollmächtigten zu beschließen, ob Einspruch erhoben werden soll.

Hat der Mann eine angewiesene Heimat, so steht die Erhebung des Einspruchs dem Fiscalate jenes Regierungsbezirkes zu, in welchem die angewiesene Heimatgemeinde liegt.

Art. 37. Wenn der Gesuchsteller nicht durch eine von der Verwaltung seiner Heimatgemeinde ausgefertigte schriftliche Erklärung sofort nachweist, daß ein im Art. 36 begründetes Einspruchsrecht nicht besteht oder nicht geltend gemacht werden will, so hat die Distrikts-Verwaltungsbehörde an die Heimatgemeinde von dem Gesuche Mittheilung zu machen unter der Aufforderung, einen etwaigen Einspruch binnen ausschließender Frist von 14 Tagen zu erheben.

Ist der Magistrat der Heimatgemeinde zugleich die Distriktsverwaltungsbehörde und ist die Zuständigkeit der Gemeindebevollmächtigten nach Art. 36 Abs. II begründet, so wird das Gesuch mit obiger Aufforderung sofort den Gemeindebevollmächtigten zugestellt.

Die Mittheilung und Aufforderung ergeht von Amtswegen an das Kreisfiscalat, wenn der Gesuchsteller eine angewiesene Heimat hat.

Ueber die gesetzliche Zulässigkeit des erhobenen Einspruchs entscheidet die Distrikts-Verwaltungsbehörde.

Von der getroffenen Entscheidung ist den Betheiligten Kenntniß zu geben.

Die Ausstellung des Verehelichungszeugnisses darf erst dann erfolgen, wenn der Beschluß, welcher einen auf Grund von Art. 36 erhobenen Einspruch zurückweist, die Rechtskraft beschritten hat.

Verehelichung von Ausländern.

Ausländer, welche auf bayerischem Gebiete, ohne nach Bayern förmlich eingewandert zu sein, eine Ehe schließen wollen, haben der Distriktsverwaltungsbehörde des Ortes, an welchem die Eheschließung erfolgen soll, den Nachweis vorzulegen, daß nach den im Heimathlande des Mannes geltenden Gesetzen diese Eheschließung zulässig ist und dieselben Wirkungen hat, wie wenn sie im Heimathlande selbst erfolgt wäre.

Ist dieser Nachweis geliefert, so hat die Distriktsverwaltungs-Behörde ein Zeugniß auszustellen, daß der Eheschließung kein Hinderniß im Wege stehe.

Beschwerderecht.

Art. 40. Gegen die Beschlüsse der Distriktsverwaltungs-Behörde können die Betheiligten innerhalb einer Nothfrist von

14 Tagen Beschwerde an die vorgesetzte Kreisregierung, Kammer des Innern, ergreifen, welche nach collegialer Berathung in zweiter und letzter Instanz zu entscheiden hat, — vorbehaltlich dessen, was in dem Gesetze über den obersten Verwaltungsgerichtshof bestimmt werden wird.

Als Betheiligte sind zu erachten:

1) derjenige, dem die Ausstellung des Zeugnisses verweigert wird;
2) die gesetzlichen Vertreter der Gemeinden oder der Fiskus, wenn ein auf Grund des Art. 36 von ihnen erhobener Einspruch zurückgewiesen wurde;
3) diejenigen Privatpersonen, deren auf Grund des Art. 35 erhobener Einspruch keine Berücksichtigung fand.

Strafbestimmungen.

Art. 41. Angehörige der rechtsrheinischen Landestheile werden, wenn sie außerhalb Bayerns eine Ehe schließen, ohne vorher das im Art. 33 vorgeschriebene Zeugniß erhalten zu haben, mit Geld bis zu 50 Thlr. oder mit Haft bis zu 30 Tagen bestraft.

Die Verjährung dieser Strafe beginnt von dem Tage, an welchem die außerhalb Bayerns Getrauten ihren Wohnsitz in Bayern genommen haben.

Eine Strafverfolgung findet nicht statt, wenn vor Eröffnung eines Verfahrens das vorgeschriebene Zeugniß erwirkt oder die Ehe wieder aufgelöst worden ist.

Abkürzungen.

RCPO. = Reichscivilprozeßordnung.
CEG. = Civilehegesetz.
Bayer. LR. = Bayerisches Landrecht.
Allg. preuß. LR. = Allgemeines preußisches Landrecht.
RStGB. = Reichsstrafgesetzbuch.
Permaneder, KR. = Permaneder, Kirchenrecht.
Richter, KR. = Richter, Kirchenrecht.

Ergänzungen und Berichtigungen.

Seite 2 Zeile 11 von unten ist hinter „statuirt" das Wort „ist" ausgeblieben.
„ 6 Zeile 2 von unten soll es heißen „50 Thaler" statt „100 fl.".
„ 8 Zeile 4 von oben soll es heißen: oder einer, statt „eine".
„ 15 Zeile 8 von oben fehlt am Schlusse des Satzes das Wort „zu".
„ 22 Zeile 7 von oben muß es statt „Reichsgebiete" „Rechtsgebiete" heißen.
„ 26 Ziffer 4 ist die Schlußklammer hinter dem Worte „Civilehegesetzes" zu setzen.
„ 30 Zeile 6 von unten muß es statt „Monate" heißen „Momente".
„ 35 Zeile 15 von unten muß es heißen „Schlafzimmern" statt „Schlafzimmer".
„ 39 Zeile 17 von oben ist hinter „Eherechts" einzuschalten: „und des preußischen Landrechts:"
„ 63 Zeile 10 von unten ist nach dem Worte „Rechte" das Wort „und" einzuschalten.
„ 70 Zeile 1 von unten muß es „Klage" statt „Klagen" heißen.
„ 85 Anmerk. 1 ist beizufügen: „und Peters, Ehescheidung § 10."
„ 105 Zeile 7 von oben muß es heißen „des" statt „der" Besserungsbefehls.
„ 108 Anmerk. 1 in der Parenthese soll es heißen: „J. S." statt „J. C."
„ 126 Anmerkung 1 ist unten am Rand irrig mit Ziffer 2 bezeichnet.

Kolibri 360 GmbH
Ferdinand-Jühlke-Straße 7
99095 Erfurt, Deutschland
produktsicherheit@kolibri360.de